J. Buckbesch, R.-D. Köhler

VPN – Virtuelle Private Netze
Sichere Unternehmenskommunikation
in IP-Netzen

Jörg Buckbesch, Rolf-Dieter Köhler

VPN
Virtuelle Private Netze

Sichere Unternehmenskommunikation in IP-Netzen

Impressum

Die Deutsche Bibliothek

Jörg Buckbesch, Rolf-Dieter Köhler

VPN – Virtuelle Private Netze;

Sichere Unternehmenskommunikation in IP-Netzen

1. Aufl.; Köln: FOSSIL-Verlag 2001

ISBN 3-931959-34-1

BVK DM 79,50

© FOSSIL-Verlag GmbH
Siebachstraße 51
D-50733 Köln
http://www.fossilverlag.de
info@fossilverlag.de

Die Informationen in diesem Produkt wurden mit größtmöglicher Sorgfalt erarbeitet. Verlag, Herausgeber und Autoren übernehmen jedoch keine juristische Verantwortung oder irgendeine Haftung für evtl. verbliebene fehlerhafte Angaben und deren Folgen.

Alle Rechte, auch die der Übersetzung, vorbehalten. Kein Teil des Werkes darf in irgendeiner Form (Druck, Fotokopie, Mikrofilm oder einem anderen Verfahren) ohne schriftliche Genehmigung reproduziert oder unter Verwendung elektronischer Systeme verarbeitet, vervielfältigt oder verbreitet werden.

Alle Warennamen werden ohne Gewährleistung der freien Verwendbarkeit benutzt und sind möglicherweise eingetragene Warenzeichen.

Vorwort

Für Unternehmen aller Größenordnungen nimmt die Datenverarbeitung einen immer höheren Stellenwert ein.

Geschäftsprozesse lassen sich mit modernen integrierten Systemen wesentlich effizienter und kostengünstiger abwickeln als dies mit Insellösungen oder manuellen Verfahren möglich wäre. Netzwerke sorgen dafür, dass ein System über das gesamte Unternehmen hinweg genutzt werden kann und auch für Heimarbeiter und Außendienstmitarbeiter der Zugriff auf alle Ressourcen des Unternehmens gewährleistet wird. Viele Firmen unterhalten dafür eigene, kostenaufwendige Netzwerke. Neben den Anschaffungskosten für die Netzkomponenten entstehen beim Betrieb dieser Netze hohe Personal- und Wartungskosten und oft noch höhere Leitungskosten. Genau an diesem Punkt setzen Virtuelle Private Netze (VPN) an. VPN nutzen ein öffentliches Netzwerk, um Daten von A nach B zu übertragen. Daraus ergeben sich einige interessante Einsparungsmöglichkeiten.

Allerdings ist der Begriff „Virtuelles Privates Netz" (VPN) bisher nicht eindeutig definiert und wird heute für eine Reihe völlig unterschiedlicher technischer Verfahren verwendet. Das vorliegende Buch beschränkt sich auf die Behandlung jener VPN-Techniken, die das Internet Protocol (IP) als Transportdienst nutzen. Dies entspricht der ursprünglichen Bedeutung des Begriffs, der mit der breiten Verfügbarkeit der zugrunde liegenden IP-basierten Technologien erstmals geprägt wurde. Derartige IP-VPN ermöglichen über die erwähnten Kostenvorteile hinaus außerdem völlig neue, früher undenkbare Lösungsansätze sowie eine deutliche Reduzierung der Komplexität heutiger Weitverkehrsnetze.

Neben den unübersehbaren Vorteilen sind mit der VPN-Technik natürlich auch Nachteile bzw. noch ungelöste Probleme verbunden, die man bei der Planung einer entsprechenden Lösung berücksichtigen muss. Das vorliegende Buch versucht, das dazu erforderliche Wissen über Prinzipien und technische Zusammenhänge zu vermitteln. Wenn man bedenkt, dass es sich bei VPN um eine noch sehr junge Technologie handelt, so ist sicher zu erwarten, dass heute noch existierende Schwachpunkte im Laufe der weiteren Entwicklung beseitigt werden.

Allgemein ist davon auszugehen, dass mit der zunehmenden Verbreitung und kommerziellen Nutzung des Internet auch die Bedeutung der VPN wachsen wird und herkömmliche WAN-Lösungen dadurch weitgehend ersetzt

Vorwort

werden. Dies wird sehr wahrscheinlich zu völlig neuen Prinzipien für den Aufbau und Betrieb von Datennetzen führen. Während herkömmliche Netzwerke zweidimensional geografisch verteilte Gebilde darstellen, ist es mit VPN möglich, über ein einziges Trägernetz viele voneinander weitgehend unabhängige Anwendernetze aufzubauen. Das Gebilde Netzwerk bekommt damit eine dritte Dimension, so dass es kaum übertrieben scheint, von einer Revolution der Netzwerktechnik zu sprechen.

Jörg Buckbesch, Rolf-Dieter Köhler
Potsdam, Mittweida, Dezember 2000

Inhaltsverzeichnis

Vorwort — 5

1 Die Idee und die Anwendung von VPN — 9

    1.1 Was ist ein Virtuelles Privates Netz (VPN)? — 11
    1.2 Typische Anwendungsfälle — 13
    1.3 Entscheidungskriterien für eine VPN-Lösung — 17

2 Die Tunnel-Protokolle — 21

    2.1 Das Prinzip des Verpackens — 21
    2.2 Das Point-to-Point Tunneling Protocol — 25
    2.3 Das Layer Two Tunneling Protocol — 30

3 Sicherheitsfragen — 35

    3.1 Allgemeines zur Sicherheit von VPN — 35
    3.2 Authentisierung — 36
    3.3 Verschlüsselung — 42
    3.4 Rechtliche Aspekte — 49

4 Sicherheitsstandard IPSec — 55

    4.1 Grundlagen der IP Security — 55
    4.2 IPSec-Authentisierungsverfahren — 62
    4.3 IPSec-Verschlüsselungsverfahren — 65
    4.4 Dynamische Schlüsselaushandlung — 67
    4.5 Schlüsselverwaltung mittels PKI — 71
    4.6 Die Anwendung des IPSec für VPN — 74

Inhaltsverzeichnis

5 Lösungsbeispiele für Virtuelle Private Netze   **79**

    5.1   Geschäftsstellenanbindung mit PPTP/L2TP   79
    5.2   LAN-zu-LAN-Verbindung mit IPSec Tunnel   83
    5.3   Weltweiter Remote Access   87
    5.4   RAS-Outsourcing   93
    5.5   Extranet-Anbindungen   97
    5.6   Tunnel-Switching   103
    5.7   Anforderungen an einen VPN-Router   108

6 Trends und aktuelle Entwicklungen   **111**

7 Quellen und Literaturhinweise   **115**

8 Glossar   **117**

9 Stichwortverzeichnis   **129**

1 Die Idee und die Anwendung von VPN

Die ständig wachsenden und sich verändernden Kommunikationsbedürfnisse der Unternehmen miteinander und der einzelnen Mitarbeiter fordern seit Jahren immer neue Lösungen. Drastisch angewachsene Dienstangebote von verschiedensten Informationsquellen sind nicht die alleinige Ursache für den Bedarf nach immer mehr Kommunikation – vielmehr wird die Flexibilität des Informationsaustauschs zunehmend ein wesentlicher Faktor der Wettbewerbsfähigkeit.

Abbildung 1 zeigt die unterschiedlichen Kommunikationsanforderungen, wie sie sich heute darstellen.

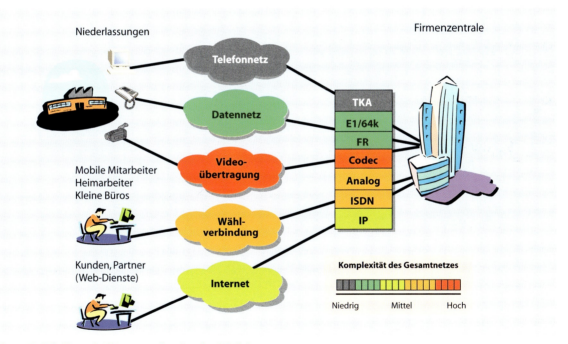

Abbildung 1: Wachsende Kommunikationsbedürfnisse

Die Vielfalt der Anforderungen hat in den vergangenen Jahren dazu geführt, dass für unterschiedliche Bedürfnisse mitunter sehr spezifische Lösungen gesucht und gefunden wurden. Das brachte zwar meist ein befriedigendes Ergebnis, führte in der Summe aber zu einem „Wildwuchs" an unterschied-

Die Idee und die Anwendung von VPN

lichen Verfahren und Technologien, die immer schwerer zu überschauen und zu beherrschen waren und sind. Die jeweiligen NetzwerkadministratorInnen sind mit derartigen Bastellösungen langfristig hoffnungslos überfordert.

Durch diese Herangehensweise kommen nicht nur unterschiedlichste Technologien und Funktionsprinzipien zum Einsatz, es werden – nach wie vor – aus einer schier unübersehbaren Anzahl von teilweise proprietären Lösungen immer jene ausgewählt, die gerade am besten und oft auch am billigsten erscheinen.

Nicht zuletzt werden derartige Fehlentscheidungen dann schmerzlich bewusst, wenn der jeweilige Hersteller mit seiner „Superlösung" nach kurzer Zeit vom Markt verschwindet.

Die Frage lautet also: Wie können die komplexen Kommunikationsanforderungen möglichst einfach und transparent mit einer herstellerunabhängigen und bezahlbaren Technologie erfüllt werden, ohne dabei den Datenschutz zu vernachlässigen?

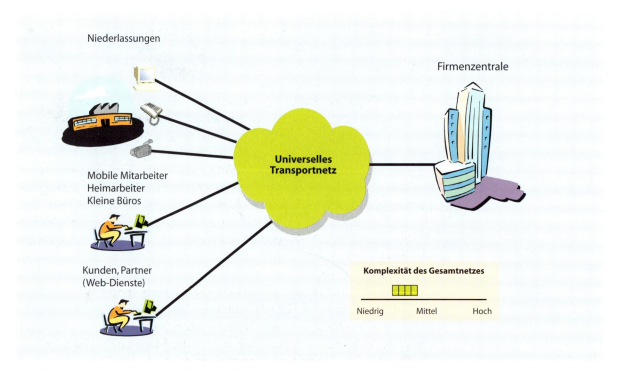

Abbildung 2: Integration aller Kommunikationsdienste

Was ist ein Virtuelles Privates Netz (VPN)?

VPN sind aus heutiger Sicht die optimale Lösung dieser Aufgabenstellung:

- Mit VPN ist es erstmals technisch möglich, alle Kommunikationsdienste auf einem einzigen Trägermedium zu integrieren und damit eine deutliche Reduzierung der Komplexität von Weitverkehrsnetzen zu erreichen (siehe Abbildung 2).
- Indem mit VPN öffentliche Netze durch viele Teilnehmer gemeinsam genutzt werden, sind erhebliche Einsparungen bei den Übertragungskosten möglich.
- Durch die Nutzung virtueller Übertragungswege können in den Netzkomponenten wenige schnelle Interfaces anstelle einer großen Anzahl verhältnismäßig langsamer Anschlüsse verwendet werden.
- Selbst im Internet können VPN-Verbindungen bei Anwendung entsprechender Maßnahmen sicherer sein als herkömmliche Stand- oder Wählleitungen.

1.1 Was ist ein Virtuelles Privates Netz (VPN)?

Im Allgemeinen wird ein VPN heute wie folgt definiert:

> Ein Virtuelles Privates Netz ist eine Anzahl von Verbindungen, die über ein öffentliches Netzwerk aufgebaut werden, sich aber für den Nutzer wie private Leitungen darstellen.

Der Begriff des Virtuellen Privaten Netzes wurde mit dem Aufkommen und der breiten Verfügbarkeit entsprechender IP-basierter Techniken geprägt. Die Definition ist allerdings so allgemein gehalten, dass sie auch für andere Netzwerktechniken anwendbar erscheint. Und so verwundert es wenig, wenn die große Popularität von VPN genutzt wird, um unterschiedliche Lösungen zu vermarkten:

- Point-to-Point Tunneling Protocol-(PPTP)- oder Layer Two Tunneling Protocol-(L2TP)-Tunnel im Internet.
- Internet Protocol Security-(IPSec)-Tunnel im Internet.
- Virtuelle Kanäle in Asynchronous Transfer Mode-(ATM)-Netzen.
- Dauerhaft oder zeitweise geschaltete virtuelle Kanäle in Frame-Relay-Netzen.

Die Idee und die Anwendung von VPN

- Festgelegte Übertragungswege in Multiprotocol Label Switching- (MPLS)-basierten Backbone-Netzen.
- Geschlossene Nutzergruppen in öffentlichen Wählnetzen (ISDN, X.25).

Das vorliegende Buch beschränkt sich auf die Behandlung von IP-VPN (PPTP, L2TP, IPSec) und damit auf die ursprüngliche Bedeutung der Bezeichnung „Virtuelles Privates Netz" (VPN).

Hierbei wird also ein IP-Netz als universelles Trägermedium für die privaten Übertragungswege benutzt. Im Prinzip ist dafür jedes beliebige IP-Netz geeignet. Aber natürlich kommt durch die flächendeckende Verfügbarkeit dem Internet in dieser Anwendung die größte Bedeutung zu. Damit besteht für alle potenziell Beteiligten die Möglichkeit, von und zu jedem beliebigen Ort VPN-Verbindungen aufzubauen und so auf Unternehmensressourcen je nach Berechtigung zuzugreifen. Das Unternehmen selbst benötigt dafür nicht mehr eine Vielzahl unterschiedlicher Zugriffsmöglichkeiten über verschiedenste Schnittstellen, sondern kann sich auf eine einzige Kommunikationsschnittstelle konzentrieren. Diese wird je nach Erfordernis mit einer definierten Zugriffbandbreite installiert und kann effizient mit Schutzmechanismen gegen unbefugte Zugriffe geschützt werden.

Ein weiterer Vorteil derartiger VPN liegt in der Verwendung eines Protokolls der Ebene 3 (IP) im Trägernetz. Dadurch wird die Kommunikation weitgehend unabhängig von der Netzwerktechnologie der Ebene 2. Natürlich muss eine physikalische Verbindung vorhanden sein, es ist aber prinzipiell unbedeutend auf welcher Technologie diese beruht. Sofern eine IP-Übertragung zwischen den Endpunkten möglich ist, kann eine solche VPN-Verbindung über jede gängige Netzwerktechnologie oder eine beliebige Kombination derselben aufgebaut werden, z.B.:

- Ethernet/Fast Ethernet/Gigabit Ethernet,
- Token Ring,
- Fiber Distributed Data Interface (FDDI),
- Synchronous Optical Network (SONET)/Synchronous Digital Hierarchy (SDH),
- Asynchronous Transfer Mode (ATM),
- Frame Relay,
- X.25,

- herkömmliche Fest- oder Wählverbindungen mit analogen Modems,
- ISDN-Fest- oder Wählverbindungen,
- Digital Subscriber Line (DSL).

1.2 Typische Anwendungsfälle

Mit VPN lassen sich zwei grundsätzlich verschiedene Aufgabenstellungen lösen:

1. Verbindung von Netzwerk zu Netzwerk (typischerweise LAN-zu-LAN).
2. Verbindung einzelner Endgeräte mit einem Netzwerk (Client-zu-LAN).

Im ersten Fall werden Anwendungsdaten von einem Teilnetz zu einem anderen Teilnetz über die VPN-Verbindung geroutet. Die Netzkomponenten an den Übergängen der Teilnetze zur VPN-Verbindung müssen also Routing-Funktionen haben. Obwohl hierfür auch andere, z.B. Firewall-basierte Lösungen angeboten werden, sind Router bzw. VPN-Gateways in dieser Anwendung logischerweise die optimale Wahl für die VPN-Endpunkte. Sie gewährleisten zugleich die Anbindung an das IP-basierte Trägernetz.

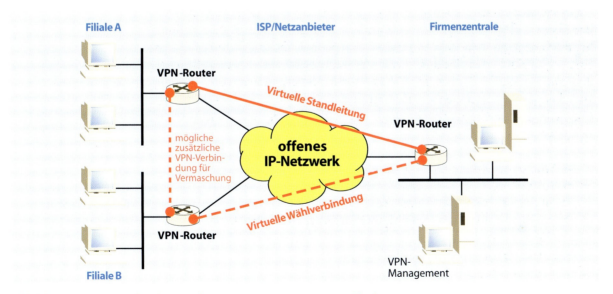

Abbildung 3: VPN-Verbindungen für LAN-zu-LAN-Kommunikation

Die Idee und die Anwendung von VPN

Die VPN-Verbindung existiert in diesem Fall also in der Regel zwischen zwei Routern (siehe Abbildung 3). Diese Verbindung kann permanenter Natur sein oder sie kann wie eine Wählverbindung nach Bedarf auf- und abgebaut werden (Dial-on-Demand/DoD). Im Falle einer permanenten Verbindung spricht man von einer virtuellen Festverbindung (Virtual Leased Line/VLL).

Dabei entsprechen die virtuellen Verbindungen in ihrer Funktion tatsächlichen Wähl- oder Standleitungen, d.h.:

- Sie transportieren die privaten Anwendungsdaten des Unternehmens.
- Sie sind Bestandteil des firmeneigenen gerouteten WAN einschließlich der darin genutzten privaten Routing-Protokolle.
- Je nach Anwendung können Funktionen der Bandbreitensteuerung wie auf „echten" WAN-Verbindungen erforderlich sein.
- Auch für diese virtuellen Verbindungen kommt ein (Wähl-)Backup in Betracht (z.B. über ISDN).

Im zweiten Fall, der Anbindung einzelner Endgeräte, spricht man vom Remote Access Service (RAS). Die Kommunikation erfolgt zwischen Client-PC und Firmennetz (LAN) oder im Speziellen auch zwischen Client-PC und einem einzelnen Server. Da die Anbindung eines einzelnen Endgeräts andere Funktionen erfordert als das Routing zwischen Teilnetzen, kommen hierbei unterschiedliche Geräte für die Endpunkte der virtuellen Verbindung zum Einsatz.

Auf zentraler Seite können dies sein:

- Router oder Remote-Access-Konzentratoren,
- Server oder Kommunikationssteuerrechner,
- Firewall-Systeme,
- Spezielle VPN-Boxen,
- Verschlüsselungsgeräte.

Soweit nicht aus bestimmten Gründen die Verbindung auf einem speziellen Server enden soll, ist allerdings auch in diesem Fall ein Router oder VPN-Gateway auf zentraler Seite eine sinnvolle Wahl für den Endpunkt der Verbin-

Typische Anwendungsfälle

dung. Bei allen anderen Varianten sind mindestens zwei Geräte für die Gesamtlösung erforderlich, denn ein Router/Gateway wird für den Zugang zum IP-Trägernetz auf jeden Fall benötigt.

Auf remoter Seite kann die virtuelle Verbindung entweder auf dem Client-PC selbst gestartet werden oder eine andere im Verbindungsweg liegende Netzkomponente übernimmt stellvertretend dessen Funktion. Damit ist eine Vielzahl von Anwendungsmöglichkeiten gegeben (siehe Abbildung 4).

Im einfachsten Fall kann ein Anwender seinen Zugang zum öffentlichen IP-Netz (Internet) nutzen, um von seinem PC aus eine VPN-Verbindung in die Firmenzentrale aufzubauen und darüber zu arbeiten, als wäre er an das Firmennetz lokal angeschlossen. Über das Internet ist damit ein weltweiter Remote Access zu den Kosten einer lokalen Einwahl möglich.

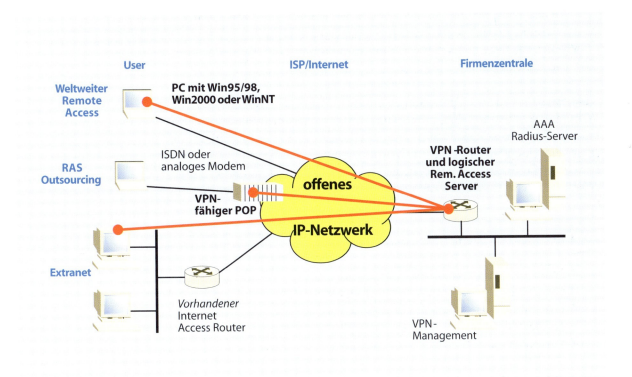

Abbildung 4: Remote Access mit VPN

Die Idee und die Anwendung von VPN

Eine andere Möglichkeit ist das sogenannte RAS-Outsourcing.

Hierbei wird die VPN-Verbindung durch den Einwahlknoten (Point-of-Presence/POP) des Internet Service Provider (ISP) stellvertretend für den Client-PC gestartet. Dem muss natürlich eine entsprechende Vereinbarung zwischen dem Anwender und dem ISP vorausgehen. Der Nutzer könnte zum Beispiel eine spezielle Einwahlnummer bekommen, für die der ISP automatisch die VPN-Verbindung in die Firmenzentrale aufbaut.

In der dritten Variante, dem sogenannten Extranet, wird eine vorhandene Internet-Anbindung als Trägermedium genutzt.

Beispielsweise könnte ein autorisierter Anwender eines Unternehmens A von seinem PC aus über die Netzinfrastruktur seiner Firma eine VPN-Verbindung zum Netzwerk des Unternehmens B aufbauen.

Besonders bei der Extranet-Variante gibt es eine Vielzahl interessanter Anwendungsfälle:

- Einzelne Mitarbeiter einer Partnerfirma können kontrollierten Zugriff auf bestimmte Ressourcen des Unternehmens erhalten (z.B. Zulieferer kann Logistikdatenbank einsehen).
- Mitarbeiter, die vorübergehend vor Ort beim Auftraggeber arbeiten und in dessen Netz eingebunden sind, erhalten exklusiven Zugriff auf das eigene Firmennetz.
- Servicespezialisten eines Dienstleistungsunternehmens können Netzkomponenten eines Auftraggebers remote überwachen, ohne dass dafür zusätzliche Geräte installiert werden müssen.

Während beim weltweiten Remote Access und beim RAS-Outsourcing der Zugang zum öffentlichen IP-Netz in der Regel über eine Modem- oder ISDN-Wählverbindung erfolgt, kommt bei der Extranet-Variante bereits am Client-PC ein LAN als Trägertechnologie in Frage.

Es ist jedoch zu beachten, dass in allen Fällen die VPN-Verbindung von Seiten des Client-PC in Richtung der Firmenzentrale gestartet werden muss. Die Gründe dafür, dass eine umgekehrte Arbeitsweise nicht möglich ist, werden an späterer Stelle erläutert (siehe Abschnitt 2.1).

Wie bei LAN-zu-LAN-Verbindungen werden auch die RAS-Verbindungen zum Transport firmeninterner Anwendungsdaten genutzt. Allerdings ist in diesem Fall keine Routing-Information über die VPN-Verbindung auszutauschen, da zumindest der Client-PC in der Regel nicht über Routing-Funktionen verfügt.

Stattdessen bedarf die RAS-Verbindung auf zentraler Seite einer speziellen Behandlung, denn der remote PC muss auch für andere Endgeräte im Netz erreichbar sein. Dazu muss er adressierungsmäßig in das zentrale LAN eingebunden werden. Außerdem muss der VPN-Endpunkt auf zentraler Seite in bestimmter Hinsicht im LAN stellvertretend für den Client-PC agieren, da eine direkte Kommunikation des Client-PC mit anderen Endgeräten im Netz nicht möglich ist. So sind beispielsweise im Rahmen des Internet Protocol (IP) an den Client-PC gerichtete ARP-Requests anderer Endgeräte durch den VPN-Endpunkt zu beantworten.

Auch aus diesem Grund erscheint ein Router als VPN-Endpunkt auf zentraler Seite am geeignetsten.

1.3 Entscheidungskriterien für eine VPN-Lösung

Bevor man sich für den Einsatz eines VPN entscheidet, sind die Vor- und Nachteile für das eigene Netzwerk und die genutzten bzw. geplanten Anwendungen abzuwägen. Dabei sind funktionale Eigenschaften, Sicherheitsfragen und selbstverständlich auch die Kosten von entscheidender Bedeutung. Bei der Bewertung einer VPN-Lösung sollte die Gesamtheit dieser Aspekte berücksichtigt werden.

Hinsichtlich ihrer technischen Eigenschaften kann eine VPN-Lösung wesentlich flexibler und vielseitiger als ein herkömmliches WAN sein. Insbesondere sind mit der VPN-Technologie heute Anwendungen möglich, die früher völlig undenkbar waren. Der Grund dafür liegt im Funktionsprinzip der IP-VPN (siehe Abschnitt 2.1) und in der universellen Verfügbarkeit des Internet als Trägermedium. Obwohl mit der Nutzung des Internet auch Probleme verbunden sein können, dürften die Vorteile insgesamt überwiegen:

- IP-VPN verwenden das Ebene-3-Protokoll IP zum Transport. Sie sind daher unabhängig von der Verfügbarkeit einzelner Ebene-2-Techniken. Eine VPN-Verbindung kann zu jedem Punkt der Welt aufgebaut werden, zu dem eine IP-Kommunikation möglich ist. Dabei ist es im Prinzip unerheblich, über welche und wieviel verschiedene physikalische Übertragungsdienste die Verbindung geführt wird.
- Eine VPN-Verbindung wird als logische Beziehung zweier im Trägernetz erreichbaren Systeme konfiguriert. Diese Konfiguration erfolgt nur an den Endpunkten und liegt in der Verantwortung des

Die Idee und die Anwendung von VPN

Unternehmens oder des Dienstanbieters. In jedem Fall kann eine solche Verbindung wesentlich schneller hergestellt, verändert oder abgeschaltet werden, als irgend ein Netzanbieter einen Wählanschluss installieren oder eine Standleitung ändern könnte.

- Mit VPN-Verbindungen kann eine beliebig vermaschte Netzstruktur auf der Basis nicht vermaschter physikalischer Übertragungswege aufgebaut werden.
- Durch die VPN-Technologie ist es heute möglich, mit IP-fremden Netzprotokollen (z.B. IPX, DECnet, Apple Talk etc.) und mit privaten IP-Adressen über das Internet zu kommunizieren.
- Die im Internet bisher nicht verfügbaren Dienstqualitäten stellen beim Einsatz von VPN ein Problem für bestimmte Anwendungen dar. Dies betrifft sowohl die Ende-zu-Ende verfügbare Bandbreite als auch die variierende und mitunter zu hohe Verzögerungszeit. Obwohl es zur Sicherung von „Quality of Service" (QoS) bereits verschiedene Verfahren gibt, ist noch keines dieser Protokolle Internet-weit implementiert. Wo entsprechende Anforderungen bestehen, hilft daher nur ein spezieller Vertrag mit einem ISP (siehe Kapitel 6).
- Wenn im privaten Netz IP als Protokoll verwendet wird, so sind beim Design einer VPN-Lösung mögliche Wechselwirkungen mit dem Trägernetz unbedingt zu berücksichtigen. In der Regel können IP-Adressen und Routing-Einstellungen nicht in beiden Netzen beliebig und unabhängig voneinander gewählt werden. In den meisten Fällen sind Probleme jedoch durch die Einhaltung einfacher Regeln vermeidbar (siehe Abschnitt 5.1).

Kosteneinsparungen können ein weiterer wichtiger Grund für den Einsatz von VPN sein. Ob eine VPN-Lösung tatsächlich kostengünstiger als die möglicherweise schon vorhandene klassische WAN-Lösung ist, hängt stark von den konkreten Anforderungen ab und muss daher in jedem Einzelfall untersucht werden.

Einsparpotenziale, aber auch mögliche Zusatzkosten gibt es in verschiedener Hinsicht:

Entscheidungskriterien für eine VPN-Lösung

- Bei den Verbindungsgebühren ergeben sich Einsparungen, wenn internationale oder Fernverbindungen dank VPN durch Ortsnetzverbindungen zum ISP ersetzt werden können. Würde auch die direkte Anbindung der Einwahlnutzer und der Außenstellen innerhalb des Ortsnetzes erfolgen, so kann die VPN-Lösung natürlich nicht preiswerter sein.
- Da mittels VPN alle WAN-Anbindungen eines Unternehmens auf der Basis einer einzigen Technologie realisierbar sind, können Betriebs-, Personal- und Ausbildungskosten gespart werden. Indem das Unternehmen vom Netzdienstleister nur noch einen IP-Transportdienst bestimmter Bandbreite kauft, wird die Komplexität der verschiedenen WAN-Technologien (Standleitung, ISDN, Frame Relay, X.25 usw.) zum ISP verlagert. Außerdem kann durch VPN die Gerätevielfalt für unterschiedliche WAN-Aufgaben (Geschäftsstellenanbindung, Remote Access, Extranet) reduziert werden.
- Größere Firmen, die ein eigenes WAN betreiben, können mittels VPN freie Bandbreitenkapazitäten an andere Unternehmen vermieten und sich so eine zusätzliche Einnahmequelle erschließen. Der Zugang zum firmeninternen Netz bleibt den fremden Unternehmen dabei trotzdem verwehrt, denn für diese dient das eigene Netz nur als Trägermedium.
- Auch bei den Gerätekosten sind Sparpotenziale vorhanden, weil viele langsame WAN-Schnittstellen (z.B. am Router) ersetzt werden können durch wenige oder eine einzige schnelle Schnittstelle, über die entsprechend viele logische VPN-Verbindungen geführt werden.
- Zusätzliche Kosten entstehen bei der Einwahl mobiler Nutzer mittels VPN für den (möglicherweise weltweit gültigen) Internet-Zugang. Bei der heutigen Tarifstruktur der Netzanbieter liegen diese Kosten aber meist deutlich unter den Verbindungsgebühren für Telefonfernverbindungen.
- Je nach Gestaltung der VPN-Lösung können Ausgaben für ergänzend notwendige Funktionen und/oder Geräte (z.B. Firewall) erforderlich sein, die in die Gesamtkalkulation einbezogen werden müssen.

Die Idee und die Anwendung von VPN

Auch Sicherheitsforderungen können ein Grund für den Einsatz von VPN sein. In der Regel kommt ein öffentliches IP-Netz, meist das Internet, als Trägermedium für ein VPN in Betracht. In diesem öffentlichen Netz muss mit erheblichen Sicherheitsrisiken gerechnet werden. Die VPN-Lösungen der meisten Hersteller bieten deshalb Sicherheitsmechanismen, die von der Authentisierung der Kommunikationspartner und der übertragenen Daten über Replay-Schutz und Datenverschlüsselung bis zur Netzabschottung mittels Firewall reichen. Die zugrunde liegenden Verfahren sind ausgereift und gelten überwiegend als sehr sicher (siehe Kapitel 3 und 4). Da vergleichbare Sicherheitsmechanismen in klassischen WAN-Systemen nur selten verfügbar und eingesetzt sind, muss man davon ausgehen, dass eine VPN-Verbindung selbst über das Internet heute sicherer ist, oder zumindest sein kann als eine herkömmliche Stand- oder Wählleitung.

Nicht vergessen werden darf dabei jedoch, dass Sicherheit immer nur im Ganzen zu haben ist. Eine gut gesicherte Datenübertragung über VPN kann bestenfalls als Alibi fungieren, wenn das Gesamtsystem an anderer Stelle Sicherheitslücken (z.B. in Form bestechlicher Mitarbeiter) aufweist. Hier ist also die Erstellung und unternehmensweite Durchsetzung eines umfassenden Sicherheitskonzepts erforderlich, in dem VPN-Funktionen nur einen kleinen Teil ausmachen.

2 Die Tunnel-Protokolle

Wie im ersten Kapitel beschrieben, soll ein IP-basiertes Netzwerk als Transportmedium für die VPN-Verbindung dienen. Das größte öffentliche Netzwerk, das Internet, basiert ausschließlich auf der Protokollfamilie TCP/IP.

In vielen Unternehmen spielen aber noch andere Protokolle, wie z.B. IPX, Apple Talk oder SNA, eine Rolle.

Das VPN muss also auf irgendeine Art und Weise dafür sorgen, dass unterschiedliche Protokolle und Anwendungen über ein einziges Trägerprotokoll, nämlich TCP/IP, übertragen werden können.

Genau diesem Zweck dienen Tunneling-Verfahren. Derartige Verfahren gibt es schon seit vielen Jahren für spezielle Aufgaben der Netzwerktechnik. Beispielsweise dient das 1993 im RFC 1434 erstmalig standardisierte Data Link Switching(DLSw) Protocol dazu, SNA- und NetBIOS-Daten über ein IP-Trägernetz zu transportieren. Ein Beispiel für das Tunneln von PPP-Daten ist das proprietäre Layer Two Forwarding Protocol (L2F) des Router-Herstellers Cisco, das in RFC 2341 offengelegt wurde.

Im folgenden werden jene Tunnel-Protokolle beschrieben, die durch ihre Universalität und breite Verfügbarkeit die heutigen VPN-Lösungen erst möglich gemacht haben.

2.1 Das Prinzip des Verpackens

Das Grundprinzip aller Tunnel-Protokolle ist das Verpacken (Encapsulation) der Anwendungsdatenpakete in die Datenpakete des Transportprotokolls. Bei Verwendung von IP als Transportprotokoll werden die ursprünglichen Pakete der Anwendung unverändert in das Datenfeld der IP-Pakete eingetragen. Abbildung 5 veranschaulicht dieses Verfahren.

Normalerweise werden die Daten einer Anwendung zum Transport in Pakete des jeweiligen Netzprotokolls untertcilt und mit dem für die Paketsteuerung im Netz erforderlichen Paketkopf (Header) versehen. Das so entstandene Datenpaket der Ebene 3 wird im Datenfeld eines Rahmens der Ebene 2 entsprechend der verwendeten Netzwerktechnologie transportiert. Um beispielsweise mit einem Novell-Server über eine Standleitung mittels Point-to-Point Protocol (PPP) zu kommunizieren, muss ein PC die Anwendungsdaten in Pakete des Novell-Netzprotokolls IPX einpacken. Zum Versenden über die Standleitung werden diese IPX-Pakete dann durch einen Router in PPP-Rahmen verpackt.

Die Tunnel-Protokolle

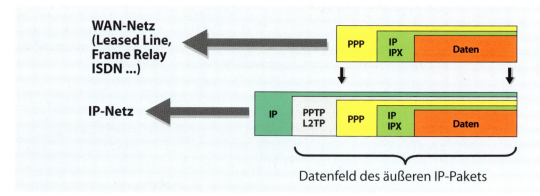

Abbildung 5: Einpacken von PPP-Rahmen in IP

Das Besondere an VPN-Verbindungen besteht nun darin, dass die normalerweise für die Übertragung fertigen Rahmen nochmals in das Ebene-3-Protokoll IP eingepackt werden. Das resultierende IP-Paket fungiert praktisch wie ein Container und kann über jedes IP-Netz transportiert werden, da sein Inhalt für die Übertragungssysteme nicht von Bedeutung ist. Erst am entfernten Tunnel-Ende, dem Zielpunkt des transportierenden IP-Pakets, muss der Inhalt des Datenfeldes wieder als ein anderes, eingepacktes Protokoll erkannt, entpackt und bearbeitet werden. In der Art des Verpackens und der Kommunikation der Tunnel-Endpunkte untereinander liegen die Unterschiede der VPN-Protokolle.

Im Falle der in den folgenden Abschnitten näher erläuterten Protokolle PPTP und L2TP werden PPP-Rahmen in IP eingepackt. Diese PPP-Rahmen könnte man auch direkt über eine Standleitung oder Wählverbindung schicken. Da alle entsprechenden Informationen mit übertragen werden, kann der durch das Einpacken entstandene Tunnel im Prinzip wie eine entsprechende Stand- oder Wählleitung genutzt werden. Das „Ersatzschaltbild" des in Abbildung 3 gezeigten Netzaufbaus würde also wie ein ganz normales WAN aussehen (siehe Abbildung 6).

Gemeinsam ist diesen VPN-Tunnel-Protokollen ihre asymmetrische Verbindungssteuerung. Es gibt stets einen Tunnel-Startpunkt und einen Tunnel-Endpunkt. Die Bezeichnungen für die entsprechenden Geräte bzw. Funktionen variieren dabei je nach Protokoll, Standard oder Hersteller. Für den Tunnel-Startpunkt sind Begriffe wie Tunnel Initiator (TI), VPN-Client, Line Server (LS) oder PPTP bzw. L2TP Access Concentrator (PAC/LAC) üblich. Der Tunnel-Endpunkt wird auch als Tunnel Terminator (TT), VPN-Server, Packet

Das Prinzip des Verpackens

Processor (PP) oder PPTP bzw. L2TP Network Server (PNS/LNS) bezeichnet. Natürlich beziehen sich Tunnel-Start und -Ende nur auf den Verbindungsaufbau. Über eine bestehende Tunnel-Verbindung können die Anwendungsdaten immer bidirektional übertragen werden.

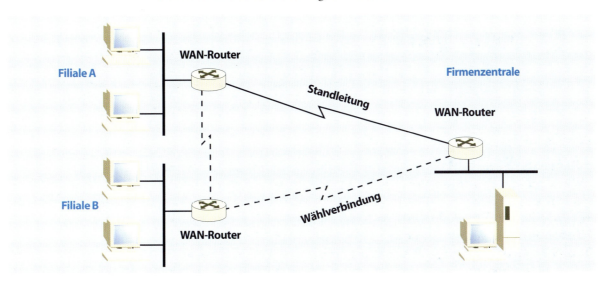

Abbildung 6: „Ersatzschaltbild" zu Abbildung 3

Von besonderer Bedeutung für das Design entsprechender VPN-Lösungen ist die Tatsache, dass sich die für Tunnel-Startpunkt und Tunnel-Endpunkt erforderlichen Funktionen unterscheiden. Es hängt deshalb von der Implementierung des jeweiligen Herstellers ab, ob ein Gerät oder eine Software für ein bestimmtes Tunnel-Protokoll nur Startpunkt, nur Endpunkt oder beides sein kann. Tabelle 1 gibt einen Überblick über ausgewählte Produkte.

Eine andere Möglichkeit besteht darin, anstelle von PPP-Rahmen die Pakete des Netzprotokolls der Anwendung direkt in IP einzupacken. Auch hierfür gibt es verschiedene, teilweise proprietäre Verfahren. Die größte praktische Bedeutung kommt allerdings dem IPSec Tunnel Mode zu. Dieser Standard definiert, wie IP-Pakete in IP-Pakete eingepackt werden, und gestattet zugleich eine geschützte Übertragung. Damit wird eine private IP-Kommunikation über ein öffentliches IP-Netz ermöglicht. Weil hierbei jedoch keine Informationen der Ebene 2 (PPP-Rahmen) übertragen werden und keine Multiprotokollfähigkeit gegeben ist, kann eine solche Verbindung nur bedingt mit einer privaten Stand- oder Wählleitung verglichen werden.

Die Tunnel-Protokolle

	Max. Tunnelanzahl	PPTP Startp. / Endp.	L2TP Startp. / Endp.	L2F Startp. / Endp.
Windows95	1	X / -	- / -	- / -
Windows98	1	X / -	X / -	- / -
WindowsNT 4.0 Workstation	2	X / -	- / -	- / -
WindowsNT 4.0 Server	32	X / X	- / -	- / -
Windows2000 Professional	k.A.	X / -	X / -	- / -
Windows2000 Server	1.000	X / X	X / X	- / -
3Com Enterprise Router	256	X / X	X / X	- / -
3Com Access Concentrator	540	X / X	X / X	- / -
Check Point VPN-Gateway	4.500	- / -	- / X	- / -
Cisco VPN Router	2.000	X / X	X / X	X / X
Cisco Firewall	k.A.	- / X	- / -	- / -
Lucent Access Router	1.000	- / -	- / X	- / -
Nortel Backbone Router	k.A.	- / -	X / X	- / -
Nortel Extranet Switch	5.000	X / X	X / X	X / X

Tabelle 1: Start- und Endpunkte für PPP-Tunnel (Produktabhängige Maximalangaben der Hersteller, Stand 09/2000)

2.2 Das Point-to-Point Tunneling Protocol

Das Point-to-Point Tunneling Protocol (PPTP) ist eine Erweiterung des Point-to-Point Protocol (PPP), welches in einem als RFC 1661 bekannten Dokument der Internet Engineering Task Force (IETF) mit dem Titel „The Point-to-Point Protocol" (PPP) verankert ist.

PPTP wurde maßgeblich von den Firmen Microsoft und 3Com Inc. entwickelt. Die besondere Bedeutung dieses Tunnel-Protokolls liegt in seiner Verfügbarkeit für alle Computer mit einem Microsoft Betriebssystem ab Windows95. Es kann somit als Industriestandard bezeichnet werden. Eine Beschreibung von PPTP liegt als RFC 2637 vor.

PPTP benutzt ein Generic Route Encapsulation (GRE) genanntes proprietäres Verfahren, welches von der Firma Cisco zum Einpacken verschiedenster Protokolle in IP entwickelt und in den RFCs 1701 und 1702 offengelegt wurde. Dazu wird dem einzupackenden Paket zunächst ein GRE-Header vorangestellt, bevor das Ganze in das Datenfeld des transportierenden IP-Pakets übernommen wird.

Während herkömmliche Anwendungen meist die IP-Protokollnummer 6 (für TCP) oder 17 (für UDP) eintragen, sind GRE-Pakete durch die Protokoll-ID 47 im IP-Header gekennzeichnet. Mit dem GRE-Header wird dem Empfänger signalisiert, dass sich ein eingepacktes Paket anschließt und welcher Art dieses ist.

Abbildung 7 zeigt den Aufbau des maximal 16 Byte langen GRE-Headers.

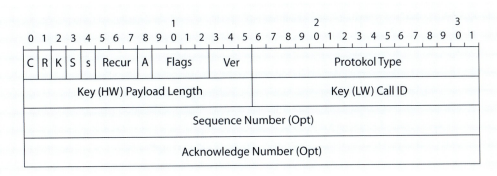

Abbildung 7: Aufbau des GRE-Headers

Die Tunnel-Protokolle

Die Felder haben folgende Bedeutung:

Checksum (C-Bit):	Prüfsumme vorhanden.
Routing (R-Bit):	Routing vorhanden.
Key (K-Bit):	Key-Feld vorhanden. Ist immer 1.
Sequence (S-Bit):	Paketfolgenummer im Header vorhanden.
Recur (Bits 5-7):	Rekursionskontrolle. Ist immer 0.
Acknowledge (A-Bit):	Bestätigt ein zuvor empfangenes Paket.
Flags (Bits 9-12):	Sind immer 0.
Ver (Bits 13-15):	GRE-Version (1 für GREv2).
Protocol type (2 Octets):	Enthält die Protokoll-ID des nachfolgenden (eingepackten) Protokolls. Im Falle von PPTP steht hier hex. 880B für PPP.
Key (4 Octets):	Die Verwendung des Key-Feldes ist optional und implementierungsabhängig. Eine Möglichkeit ist die folgende Aufteilung in je 2 Oktetts: Payload Length: Größe des Datenfeldes Call ID: Empfangsseitige Verbindungs-ID.
Seq. number (4 Octets):	Enthält die Paketfolgenummer des Datenfeldes. Nur vorhanden, wenn das S-Bit (Bit 3) 1 ist.
Ack. number (4 Octets):	Enthält die Bestätigungsnummer. Nur vorhanden, wenn das A-Bit (Bit 8) 1 ist.

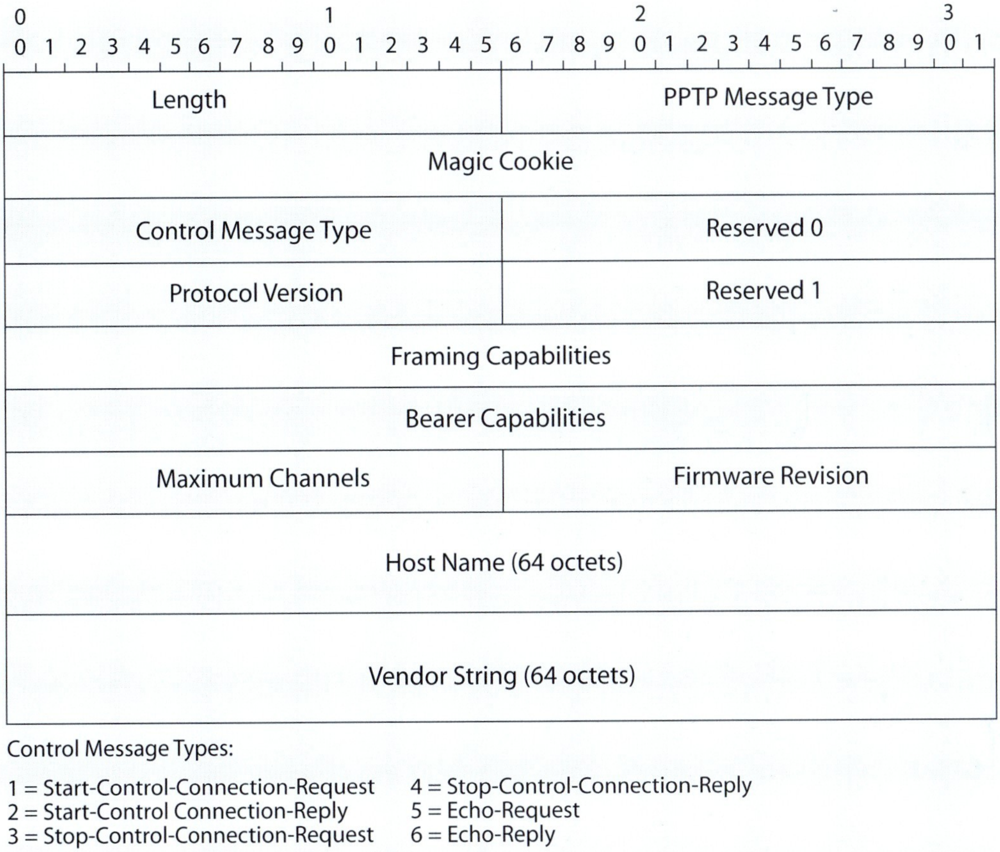

Das Point-to-Point Tunneling Protocol

```
 0                   1                   2                   3
 0 1 2 3 4 5 6 7 8 9 0 1 2 3 4 5 6 7 8 9 0 1 2 3 4 5 6 7 8 9 0 1
```

Length	PPTP Message Type
Magic Cookie	
Control Message Type	Reserved 0
Protocol Version	Reserved 1
Framing Capabilities	
Bearer Capabilities	
Maximum Channels	Firmware Revision
Host Name (64 octets)	
Vendor String (64 octets)	

Control Message Types:

1 = Start-Control-Connection-Request
2 = Start-Control Connection-Reply
3 = Stop-Control-Connection-Request
4 = Stop-Control-Connection-Reply
5 = Echo-Request
6 = Echo-Reply

Abbildung 8: PPTP-Steuerpaket

Neben der Verwendung von GRE für den Transport der PPP-Rahmen ist PPTP durch eine separate Steuersession zwischen den Tunnel-Enden gekennzeichnet. Diese Session stellt eine TCP-Verbindung zum Port 1723 dar und transportiert die Informationen zur Tunnel-Steuerung und -Überwachung. In Abbildung 8 ist der Aufbau der zur Tunnel-Steuerung verwendeten Pakete dargestellt, während Abbildung 9 die Ablaufsteuerung für Tunnel-Aufbau und -Abbau zeigt.

Die Tunnel-Protokolle

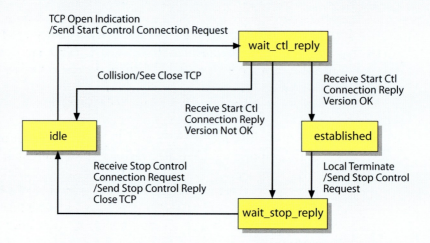

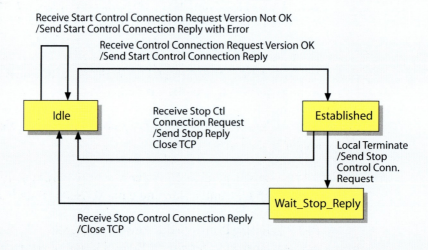

Abbildung 9: Ablaufsteuerung bei PPTP

Das Point-to-Point Tunneling Protocol

Für die Steuersession gilt ein Timeout von sechzig Sekunden. Wenn eine TCP-Steuersession noch nicht aktiv ist, sich also erst im Aufbau befindet, dann wird maximal sechzig Sekunden auf ein Start-Control-Connection-Reply gewartet. Andernfalls wird die Steuersession wieder beendet. Ist die Steuersession bereits aktiv und wurde sechzig Sekunden lang keine Steuerinformation empfangen, so wird ein Echo-Request-Paket gesendet. Dieses muss spätestens sechzig Sekunden nach Aussenden durch ein Echo-Reply-Paket beantwortet worden sein. Andernfalls wird die Steuersession und damit der Tunnel beendet.

Zu den weiteren Besonderheiten von PPTP gehören:

- Zwischen zwei gegebenen Tunnel-Enden kann immer nur ein Tunnel existent sein, in dem aber mehrere Anwendungssessions gleichzeitig aktiv sein können.
- Mit einer GRE-Headerlänge von 16 Byte generiert PPTP verhältnismäßig wenig zusätzlichen Overhead beim Einpacken der Daten.
- Die Fragmentierung der Daten im transportierenden IP-Netz ist erlaubt.
- Durch die Paketfolgenummern ist eine Flusssteuerung mit Sliding-Window-Verfahren möglich.
- Die Empfangsbestätigung kann für mehrere Pakete auf einmal erfolgen. Die Wiederholung nicht empfangener oder fehlerhafter Pakete wird jedoch dem Anwendungsprotokoll der höheren Ebene überlassen.
- Die transportierenden IP-Pakete können (z.B. bei unterschiedlichen Laufzeiten im Transportnetz) in anderer Reihenfolge empfangen werden, als sie ausgesendet wurden.

Aus den beschriebenen Eigenschaften von PPTP ergeben sich die Verwendungsmöglichkeiten dieses Protokolls:

- PPTP ermöglicht eine PPP-Übertragung zwischen Tunnel-Start- und -Endpunkt unter Nutzung eines IP-Netzes über beliebige Medien.
- PPTP kann im Prinzip jedes Anwendungsprotokoll transportieren, das sich über eine serielle PPP-Verbindung übertragen lässt. Einschränkungen sind durch die Implementierungen der verschiedenen Hersteller bedingt.

Die Tunnel-Protokolle

- Die mögliche Änderung der Paketreihenfolge beim Transport kann zu Problemen bei bestimmten Anwendungen führen (z.B. Bridging von SNA- oder NetBIOS-Daten).
- Werden PPTP-Verbindungen über Firewall-Systeme oder Router mit Filterfunktion aufgebaut, so ist die unterschiedliche Art der Übertragung von Daten- und Steuerinformationen zu berücksichtigen. Wenn im IP-Transportnetz nur die TCP-Pakete der Steuersession, nicht aber die GRE-Pakete der Datenverbindung durchgelassen werden, so ergeben sich scheinbar seltsame Fehlerbilder.
- PPTP ist durch seine Verfügbarkeit bei Microsoft-Systemen und in der Software vieler Router- und Firewall-Hersteller für den Aufbau heterogener VPN-Lösungen gut geeignet. Insbesondere ist PPTP das Tunnel-Protokoll der Wahl, wenn mit Windows95 oder Windows-NT 4.0 gearbeitet werden soll.

2.3 Das Layer Two Tunneling Protocol

Während L2F ein proprietäres Einpackverfahren darstellt und PPTP aufgrund seiner Verbreitung als Industriestandard bezeichnet werden kann, ist das Layer Two Tunneling Protocol (L2TP) ein als RFC 2661 veröffentlichter Internet-Standard. Nachdem die Hersteller mit diversen proprietären Protokollen Erfahrungen gesammelt haben, repräsentiert L2TP ihr Bemühen, den Anwendern einen einheitlichen Standard zu bieten.

Bei der Entwicklung von L2TP wurden die Vorteile von PPTP und L2F kombiniert, während man zugleich versucht hat, die Nachteile beider Tunnelverfahren weitgehend zu vermeiden. Herausgekommen ist ein verbindungsorientiertes Protokoll zum Einpacken von PPP-Rahmen, das einen eigenen Nachrichtenkopf (Message-Header) verwendet und UDP mit der Ziel-Portnummer 1701 zum Transport benutzt.

Es ist zu erwähnen, dass der Standard außer UDP/IP auch andere paketorientierte Netztechnologien wie Frame Relay (FR) oder Asynchronous Transfer Mode (ATM) als Transportmedium für L2TP-Pakete zulässt. Allerdings hat bisher nur die Anwendung im IP-Netz Bedeutung erlangt.

Abbildung 10 zeigt den Aufbau eines L2TP-Pakets.

Die Felder des Message-Headers haben folgende Bedeutung:

Das Layer Two Tunneling Protocol

Type (T-Bit):	Bestimmt die Art der L2TP-Nachricht (0 für Daten, 1 für Steuerpakete).
Length (L-Bit):	Zeigt das Vorhandensein des Längenfeldes im Message-Header an. Ist für Steuerpakete immer 1.
Sequence (S-Bit):	Zeigt das Vorhandensein von Sende-(Ns) und Empfangsfolgenummer (Nr) im Message-Header an. Ist für Steuerpakete immer 1.
Offset (O-Bit):	Zeigt das Vorhandensein des Offset-Feldes im Message-Header an. Ist für Steuerpakete immer 0.
Priority (P-Bit):	Für bevorzugte Behandlung von Datenpaketen (z.B. für LCP Echo Requests). Ist für Steuerpakete immer 0.
Ver (Bits 12-15):	Version des Message-Headers (1 für L2F, 2 für L2TP).
Length (2 Octets):	Gesamtlänge der Nachricht in Oktetts.
Tunnel ID (2 Octets):	Empfängerseitige ID-Nummer der Steuersession.
Session ID (2 Octets):	Empfängerseitige ID-Nummer der einzelnen Anwendungssession innerhalb des Tunnels.
Ns (2 Octets):	Sendefolgenummer (modulo 2^{16}) des aktuellen Daten- oder Steuerpakets.
Nr (2 Octets):	Empfangsfolgenummer (modulo 2^{16}) des nächsten erwarteten Steuerpaketes. Wird bei Datenpaketen ignoriert.
Offset Size (2 Octets):	Startposition des Datenpaketes in Oktetts ab Ende L2TP-Header.

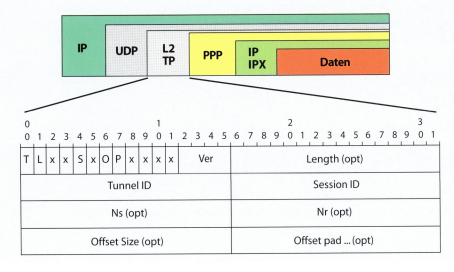

Abbildung 10: L2TP-Paketaufbau und Message-Header-Format

Die Tunnel-Protokolle

Wie bei PPTP gilt auch für L2TP ein Timeout der Steuersession von sechzig Sekunden. In Abbildung 11 ist die Abfolge der Steuernachrichten einer L2TP-Verbindung dargestellt.

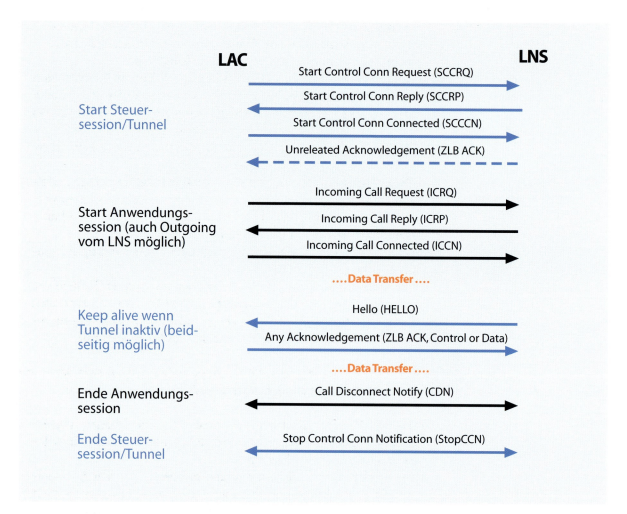

Abbildung 11: Steuernachrichten einer L2TP-Verbindung

Das Layer Two Tunneling Protocol

Zu den sonstigen Eigenschaften von L2TP gehören:

- Bei Verbindungsaufbau werden die unterstützten L2TP-Funktionen zwischen den Tunnel-Enden (LAC und LNS) ausgehandelt.
- Zwischen einem LAC-LNS-Paar können mehrere Tunnel gleichzeitig existent sein. In jedem Tunnel können neben der Steuersession mehrere Anwendungssessions gleichzeitig aktiv sein.
- Durch Verwendung von UDP als Transportdienst in Kombination mit einem zusätzlichen L2TP-eigenen Message-Header ist der durch das Einpacken der Daten entstehende Overhead etwas größer als bei PPTP.
- Die Fragmentierung der Daten im transportierenden IP-Netz ist erlaubt.
- Die Empfangsbestätigung kann für mehrere Pakete auf einmal erfolgen. Nicht empfangene oder fehlerhafte Steuerpakete werden wiederholt. Die Wiederholung nicht empfangener oder fehlerhafter Datenpakete wird dem Anwendungsprotokoll überlassen.
- Über die Paketfolgenummern erfolgt eine Flusssteuerung mit Sliding-Window-Verfahren.
- Die transportierenden IP-Pakete können in anderer Reihenfolge empfangen werden als sie ausgesendet wurden. Bei Steuerpaketen wird die ursprüngliche Reihenfolge anhand der Paketfolgenummern wieder hergestellt. Bei Datenpaketen ist dies optional.

Die sich für L2TP ergebenden Verwendungsmöglichkeiten sind denen von PPTP im Grundsatz sehr ähnlich, unterscheiden sich aber in Details:

- Auch L2TP ermöglicht eine (oder mehrere) PPP-Übertragung(en) zwischen Tunnel-Start- und -Endpunkt unter Nutzung eines IP-Netzes über beliebige Medien.
- Im Prinzip kann jedes Anwendungsprotokoll, das sich über eine serielle PPP-Verbindung übertragen lässt, mit L2TP transportiert werden. Einschränkungen sind auch hier von den Implementierungen der Hersteller abhängig.

Die Tunnel-Protokolle

- Ist die Wiederherstellung der Reihenfolge von Datenpaketen nicht implementiert, so kann eine geänderte Paketreihenfolge Probleme bei bestimmten Anwendungen verursachen (z.B. Bridging von SNA- oder NetBIOS-Daten).
- L2TP ist im Trägernetz einfacher handhabbar als PPTP, weil eine gemeinsame Übertragungssession für Steuer- und Dateninformationen besteht und weil, anders als bei PPTP, keine spezielle IP-Protokoll-ID sondern das gängige UDP verwendet wird. Entsprechend gestaltet sich auch das Freischalten von Filtern oder Firewalls für L2TP-Tunnel einfacher als bei PPTP.
- Da es sich um einen offiziellen Internet-Standard handelt, stellt L2TP eine gute Grundlage für den Aufbau herstellerunabhängiger VPN-Lösungen dar. Das Protokoll ist heute bereits in der Software vieler Router- und Firewall-Hersteller sowie in Windows2000 verfügbar. Für Windows95 und WindowsNT 4.0 wird es L2TP allerdings nicht mehr geben.

3 Sicherheitsfragen

3.1 Allgemeines zur Sicherheit von VPN

Es ist zunächst festzustellen, dass die im zweiten Kapitel vorgestellten VPN-Protokolle, mit denen PPP-Rahmen in IP-Pakete eingepackt werden, keinerlei Sicherheitsfunktionen enthalten. Die auf diese Weise gebildeten VPN bedürfen also unbedingt zusätzlicher Maßnamen, um die notwendige Sicherheit insbesondere für Tunnel über das Internet zu erreichen. Die Annahme, dass das Einpacken allein schon ein gewisses Maß an Sicherheit gewährleistet, ist eindeutig als falsch zu bezeichnen. Dies gilt um so mehr, als es bezüglich der Sicherheitsansprüche und dessen, was unter Sicherheit überhaupt verstanden werden soll, große Unterschiede gibt. Um zunächst die Anforderungen definieren zu können, muss man die Gefahren kennen, denen es zu begegnen gilt.

Bei der Übertragung von Daten ist allgemein mit den folgenden Sicherheitsrisiken zu rechnen:

- Die Daten werden während der Übertragung durch Unbefugte mitgelesen.
- Die Daten werden während der Übertragung verändert oder gezielt manipuliert.
- Die Daten werden während der Übertragung aufgezeichnet und dem Empfänger unbemerkt wiederholt zugesendet.
- Ohne dass der Empfänger es merkt, werden Daten von einer nicht autorisierten Quelle empfangen.
- Ohne dass der Empfänger es merkt, werden von einer autorisierten Quelle veränderte oder gezielt manipulierte Daten empfangen.

Das Bekanntwerden geheimer Informationen durch das Mitlesen Unbefugter stellt sicher das bekannteste Risiko dar. Darüber, mit welchen Verschlüsselungsverfahren dies verhindert werden kann, entbrennen immer wieder heftige Diskussionen. Die vorstehende Auflistung zeigt aber, dass mit Verschlüsselung alleine bei weitem nicht alle Sicherheitsprobleme zu lösen sind.

Sicherheitsfragen

Welche Sicherheitsforderungen sind also an VPN zu stellen, damit die Übertragung derart geschützt ist, dass das VPN zu Recht als „privates" Netz bezeichnet werden kann?

Diese Anforderungen lassen sich in wenigen Stichworten zusammenfassen:

- Vertraulichkeit = Schutz gegen unbefugtes Mitlesen der Daten,
- Integrität = Schutz gegen unbemerktes Modifizieren oder wiederholtes Zusenden der Daten,
- Authentizität = Sicherstellen der Echtheit von Daten und Quelle.

Die Verschlüsselung dient dabei ausschließlich der Sicherung der Vertraulichkeit von Informationen. Um auch Integrität und Authentizität zu gewährleisten, sind zusätzliche Maßnahmen erforderlich. In der Praxis erreicht man dies durch die Authentisierung des Kommunikationspartners wie auch der übertragenen Daten.

Allgemein ist festzustellen, dass mit den heute verfügbaren Verfahren für Authentisierung und Verschlüsselung VPN sogar über das Internet sicherer sein können als herhömmliche WAN-Verbindungen, für die vergleichbare Sicherheitsmaßnahmen üblicherweise kaum oder gar nicht im Einsatz sind.

In den folgenden Abschnitten sollen Authentisierung und Verschlüsselung näher erläutert werden.

3.2 Authentisierung

Mit der Authentisierung soll die Echtheit geprüft bzw. ihre Überprüfbarkeit gewährleistet werden. Dies kann sich auf den Kommunikationspartner aber auch auf die übertragenen Daten beziehen. Dazu gibt es verschiedene Authentisierungsverfahren sowohl auf Verbindungs- (Ebene 2) als auch auf der Netzwerkebene (Ebene 3).

Für die Sicherung der Echtheit der übertragenen Daten sind besonders die auf Ebene 3 (IP) arbeitenden Verfahren geeignet. Diese werden im Kapitel 4 ausführlich dargestellt.

Zur Identifikation des Kommunikationspartners kommen für VPN die gleichen Protokolle zur Anwendung, die es für die Einwahl entfernter Nutzer oder das Login zu Netzkomponenten teilweise schon lange gibt.

Authentisierung

Grundlage ist stets die Überprüfung von bestimmten Informationen, meist Nutzer-ID und Passwort, beim Verbindungsaufbau bzw. während der Datenübertragung. Im Falle von PPTP und L2TP kommen solche Protokolle in Betracht, die diese Informationen auf Basis von PPP übertragen (Tabelle 2).

Protokoll-Bezeichnung	Referenz	Arbeitsweise
PAP Password Authentication Protocol	RFC 1334	2-Wege-Verfahren (ID/Passwort werden bei Verbindungsaufbau so oft gesendet bis andere Seite bestätigt oder Verbindung abbricht), Übertragung erfolgt im Klartext, Festlegung über LCP
CHAP Challenge Handshake Authentication Protocol	RFC 1994	3-Wege-Verfahren (Anforderung, Übertragung, Bestätigung), Anforderung bei Verbindungsaufbau und in unregelmäßigen Abständen, verschlüsselte Übertragung (z.B. MD5 Hash-Wert), Festlegung über LCP
MS-CHAP Microsoft CHAP	Microsoft (Internet Draft)	ähnlich wie CHAP, verschlüsselte Übertragung (MD4 Hash-Wert), erfordert zur Prüfung nur den Hash-Wert - kein Passwort im Klartetxt, Festlegung über LCP
EAP PPP Extensible Authentication Protocol	RFC 2284	3-Wege-Verfahren (Anforderung, Übertragung, Bestätigung), universelles Authentisierungsprotokoll, Info über benutztes Verfahren (z.B. ID/Passwort, Token oder Smart Cards, MD5) bei Anforderung/Übertragung, keine vorherige Festlegung über LCP notwendig

Tabelle 2: PPP-basierte Authentisierungsprotokolle

Nach erfolgter Identifikation werden dem Kommunikationspartner im zweiten Schritt, der Autorisierung, seine definierten Rechte zugewiesen. Die Verwaltung der zulässigen Kommunikationspartner und ihrer Rechte erfolgt üblicherweise in einem Verzeichnis bzw. einer Datenbank, wobei es für unterschiedliche Zwecke unterschiedliche Verzeichnisse geben kann.

Sicherheitsfragen

Die Erläuterung von Aufbau, Funktionsweise und Administration derartiger Verzeichnisse sowie die Frage nach Möglichkeiten der Kombination und Zusammenfassung würden ein separates Buch füllen. Deshalb sollen an dieser Stelle der in Tabelle 3 gegebene Überblick und einige grundsätzliche Aussagen zu den wichtigsten Systemen genügen. Darüber hinaus sei auf die entsprechenden Literaturquellen verwiesen ([2], [4], [7]).

Für VPN-Lösungen ist es wichtig, ob und wie der Tunnel-Endpunkt die Authentisierungsinformation mit dem Verzeichnis austauschen kann. Idealerweise unterstützt er als Client das entsprechende Abfrageverfahren. Andernfalls muss ein anderes Authentisierungssystem gewählt oder eine Proxy-Funktion installiert werden (siehe Abbildung 12).

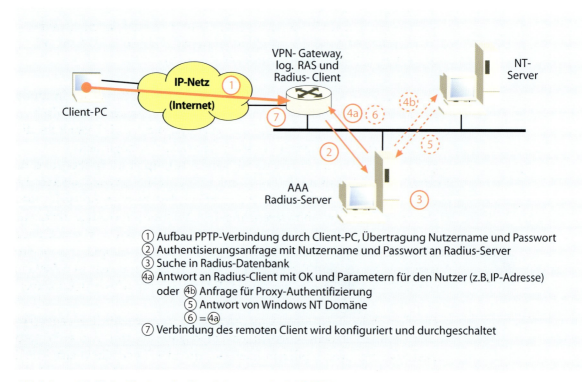

① Aufbau PPTP-Verbindung durch Client-PC, Übertragung Nutzername und Passwort
② Authentisierungsanfrage mit Nutzername und Passwort an Radius-Server
③ Suche in Radius-Datenbank
④a Antwort an Radius-Client mit OK und Parametern für den Nutzer (z.B. IP-Adresse)
  oder ④b Anfrage für Proxy-Authentifizierung
    ⑤ Antwort von Windows NT Domäne
    ⑥ = ④a
⑦ Verbindung des remoten Client wird konfiguriert und durchgeschaltet

Abbildung 12: Beispiel einer Authentisierung mit RADIUS

Authentisierung

Remote Authentication Dial In User Service (RADIUS) ist in diesem Zusammenhang von besonderer Bedeutung:

- Der Remote Authentication Dial-In User Service (RADIUS) wurde von Livingston Enterprises Inc. speziell für die Authentisierung von Einwahlnutzern entwickelt und repräsentiert einen offiziellen Internet-Standard.
- Das System ist neben der Authentisierung auch für die temporäre Zuweisung vieler funktionaler Parameter, sogenannter Attribute (z.B. IP-Adresse, DNS) verwendbar.
- RADIUS kann flexibel an nutzerspezifische Anforderungen angepasst werden, da neben den mehr als vierzig Standardattributen auch die Definition von über hundert herstellerspezifischen Attributen möglich ist.
- Die meisten RADIUS-Server enthalten Proxy-Funktionen zu anderen RADIUS-Servern und oft auch zu anderen Systemen (wie z.B. Novell NDS, WindowsNT, ACE-Server).

Nachdem in modernen Netzwerken nutzerbezogene Parameter in immer mehr speziellen Verzeichnissen verteilt und oftmals doppelt und dreifach gespeichert sind, wächst die Bedeutung solcher Systeme, die die Verwaltung dieser Daten in einem einzigen universellen Verzeichnis ermöglichen.

Mit X.500 haben die International Standards Organisation (ISO) und die International Telecommunications Union (ITU) einen solchen Verzeichnisdienst definiert. Allerdings legt X.500 nicht nur das Directory Access Protocol (DAP) als Steuer- und Abfrageverfahren fest. Auch ein aufwendiges hierarchisches Parameter-Bezeichnungssystem, eine sehr komplexe Datenbankstruktur sowie ein verteiltes Funktionsmodell für hunderte oder tausende gekoppelter Verzeichnis-Server sind Bestandteile des Standards. Außerdem ist X.500 eng an das OSI-Protokoll gebunden und in IP-Umgebungen schwer zu implementieren.

Für den praktischen Einsatz in Unternehmensnetzen dürften daher Verzeichnisse, die auf dem sogenannten Liteweight Directory Access Protocol (LDAP) basieren, von größerem Interesse sein. LDAP setzt direkt auf TCP/IP auf und stellt eine pragmatische und weniger aufwendige Alternative zu X.500 dar.

Sicherheitsfragen

Das Protokoll ist ein offizieller Internet-Standard:

- RFC 1487 (Juli 1993): LDAPv1.
- RFC 1777 (März 1995): LDAPv2.
- RFC 2251 (Dezember 1997): LDAPv3.

Anders als bei X.500 legt der Standard dabei nur das Steuer- und Abfrageprotokoll fest, während Aufbau und Arbeitsweise des dahinterliegenden Verzeichnisses nicht zwingend vorgeschrieben sind. Damit ist den Herstellern Freiraum für die Schaffung marktfähiger Lösungen gegeben und auch bestehende Verzeichnisdienste können durch LDAP ergänzt und in entsprechende Systeme eingebunden werden.

Mit der Wahl des Verzeichnisdienstes und des Authentisierungsprotokolls muss auch das Zusammenspiel dieser beiden Funktionen gewährleistet werden, denn die Authentisierungsinformation wird zwischen den PPP-Kommunikationspartnern übertragen, während die Überprüfung derselben durch Anfrage des Tunnel-Endpunktes am Authentisierungssystem erfolgt. Manche wünschenswerte Kombination kann sich als nicht funktionsfähig erweisen, wenn die Information in einem Format übertragen wird, welches das Authentisierungssystem nicht „versteht". Beispielsweise übertragen CHAP und MS-CHAP die Authentisierungsdaten in unterschiedlich verschlüsselter Form, während das SecurID-Verfahren von Security Dynamics nur mit unverschlüsselten Informationen arbeitet, die durch das verwendete Prinzip jedoch für einen Angreifer wertlos sind.

Einige Beispiele für funktionierende Authentisierungslösungen sind im fünften Kapitel zu finden.

Authentisierung

Bezeichnung	Referenz	Eigenschaften
RADIUS Remote Authentication Dial In User Service	RFC 2138 RFC 2139	Client-Server-System für Authentisierung, Autorisierung und Accounting von Einwahlnutzern, UDP als Client-Server-Protokoll, verschlüsselte Übertragung der Passwörter, eigene Datenbank mit Standard- und herstellerspezifischen Parametern, Autorisierung durch Parameter-Zuordnung bei Authentisierung, separates Accounting
SecurID	RSA Data Security	Serverbasiertes System für Authentisierung von Einwahlnutzern mit zwei Komponenten (Token und PIN), Soft- oder Hardtoken (Chipcard) liefert synchron zum ACE-Server periodisch wechselnde Zufallszahlen, Verknüpfung mit PIN wird zur Authentisierung übertragen
LDAP Liteweight Directory Access Protocol	RFC 2251	Client-Server-System für Abfrage und Steuerung eines universellen Verzeichnisdienstes, besonders auch Ersatz von DAP für X.500-Verzeichnisse, TCP/IP als Übertragungsprotokoll, keine Client-Authentisierung, Server beantwortet Client-Anfragen durch Attribute des eigenen Verzeichnisses oder mit Verweis auf andere Server
X.500	ISO / ITU	Universeller Verzeichnisdienst, nutzt verteiltes Serversystem, OSI als Client-Server-Protokoll mit eigener Abfragesprache DAP, komplexe Datenbankstruktur und aufwendiges hierarchisches Parameter-Bezeichnungssystem
NDS Netware Directory Service	Novell	Server-basiertes System für Authentisierung und Autorisierung von LAN-Nutzern, IPX als Client-Server-Protokoll, unverschlüsselte Übertragung, eigene verteilte Datenbank für Passwörter und Nutzerrechte
WindowsNT	Microsoft	Server- und Netzwerk-Betriebssystem mit integrierter Authentisierung und Autorisierung von Nutzern in einer Domäne, verschiedene Client-Server-Protokolle möglich, eigene Datenbank für Passwörter und Nutzerrechte
TACACS Terminal Access Controller Access Control System	RFC 1492	Aus den Anfangszeiten des Internet stammendes Client-Server-System zur Authentisierung von Einwahlnutzern anhand Nutzername und Passwort, UDP als Client-Server-Protokoll, unverschlüsselte Übertragung
TACACS+ TACACS mit Cisco-proprietären Erweiterungen	Cisco-Systems	Client-Server-System für Authentisierung, Autorisierung und Accounting von Einwahlnutzern, TCP als Client-Server-Protokoll, verschlüsselte Übertragung, Authentisierung, Autorisierung und Accounting getrennt

Tabelle 3: Authentisierungssysteme

3.3 Verschlüsselung

Durch Verschlüsselung sollen die zu übertragenden Daten unter Verwendung einer geheimen Information (Schlüssel) so umgewandelt werden, dass sie praktisch nicht mehr lesbar sind. Der Inhalt einer Nachricht wird damit vor dem Mitlesen durch Unbefugte geschützt, solange der Schlüssel geheim, d.h. nur dem Absender und dem berechtigten Empfänger bekannt ist.

Als Grundlage dienen kryptografische Verfahren, durch die der ursprüngliche Klartext in den zu übertragenden Geheimtext transformiert (abgebildet) wird. Die Umkehrung dieses Vorganges (Entschlüsselung) ist ohne Kenntnis des Schlüssels entweder überhaupt nicht oder nur mit einem gewaltigen Aufwand an Zeit und Rechentechnik möglich. Die Entwicklung der Kryptografie zum heutigen Status einer Wissenschaft wird vom langjährigen Präsidenten des Bundesamtes für Sicherheit in der Informationstechnik (BSI), Dr. Otto Leiberich, in [5] eindrucksvoll geschildert.

Die Sicherheit eines kryptografischen Verfahrens hängt stets von zwei Faktoren ab: Es muss einerseits Angriffen mit mathematischen Methoden zur Umkehrung der Abbildung widerstehen und andererseits muss die Schlüsselvielfalt so groß sein, dass in überschaubarer Zeit nicht alle möglichen Schlüssel durchprobiert werden können.

Tabelle 4 gibt einen Überblick über die bekanntesten Verschlüsselungsverfahren.

Verschlüsselung

Bezeichnung	Referenz	Eigenschaften
DES Data Encryption Standard	RFC 2405	Symmetrisches Blockverfahren mit 64 Bit Block- und 56 Bit Schlüssellänge
3DES Triple DES	RFC 1851	Symmetrisches Blockverfahren bei dem DES drei mal mit unterschiedlichen Schlüsseln angewendet wird
AES Advanced Encryption Standard	NIST	Symmetrisches Blockverfahren, als Nachfolger von DES/3DES in Vorbereitung
RC4 Rivest Cipher 4	RSA Data Security	Symmetrisches Stromverfahren mit variabler Schlüssellänge von 40 bis 2048 Bit, verwendet in MPPE und SSL
RC5 Rivest Cipher 5	RSA Data Security	Variabel parametrierbares symmetrisches Blockverfahren mit Schlüssellängen bis max. 2048 Bit, offengelegt in RFC 2040
IDEA International Data Encryption Algorithm	ETH Zürich	Symmetrisches Blockverfahren, arbeitet mit 64 Bit Blöcklänge wie DES aber mit 128 Bit Schlüssellänge, u.a. in PGP verwendet
CAST Carlisle Adams and Stafford Tavares	Entrust Technology	Symmetrisches Blockverfahren mit variabler Schlüssellänge von 40 bis 256 Bit, DES-ähnlich aber schneller, offengelegt in RFC 2144 und 2612
Blowfish	Bruce Schneier	Für 32-Bit Prozessoren optimiertes symmetrisches Blockverfahren mit 64 Bit Blöcklänge und variabler Schlüssellänge von 32 bis 448 Bit
RSA	RSA Data Security	Asymmetrisches Verfahren mit variabler Schlüssellänge von 512 bis 4096 Bi

Tabelle 4: Bekannte Verschlüsselungsverfahren

Sicherheitsfragen

Das einzige beweisbar sichere Verfahren ist das sogenannte Strom- oder Wurm-Chiffrierverfahren (im Englischen One-Time Pad). Es verwendet eine mathematisch unumkehrbare Abbildung, indem jedes Zeichen des Klartextes mit einem Zeichen einer Zufallsfolge verknüpft wird. Der große Nachteil besteht darin, dass die Zufallsfolge (der Schlüssel) genauso lang ist, wie der zu verschlüsselnde Text, und dass sie nur einmal genutzt werden darf.

Heute werden überwiegend Blockverfahren verwendet, bei denen der Klartext zunächst aufgeteilt wird in Abschnitte, die gleich oder kleiner der verwendeten Schlüssellänge sind. Diese Verfahren kommen dadurch mit verhältnismäßig kurzen Schlüsseln aus. Sofern zur Verschlüsselung und Entschlüsselung der gleiche Schlüssel verwendet wird, spricht man von symmetrischen Verfahren (im Englischen Secret oder Private Key Algorithm).

Die eigentliche Verschlüsselung geschieht, indem die Zeichen bzw. Bits des Klartextes durch Verknüpfung mit dem Schlüssel nach einem definierten Algorithmus so modifiziert werden, dass eine scheinbar zufällige, regellose Folge entsteht (siehe Abbildung 13). Bekanntestes Beispiel hierfür ist das in den 70er Jahren von IBM entwickelte DES-Verfahren. Es ist weit besser als sein Ruf, denn bei richtiger Anwendung hat es bis heute allen Versuchen einer

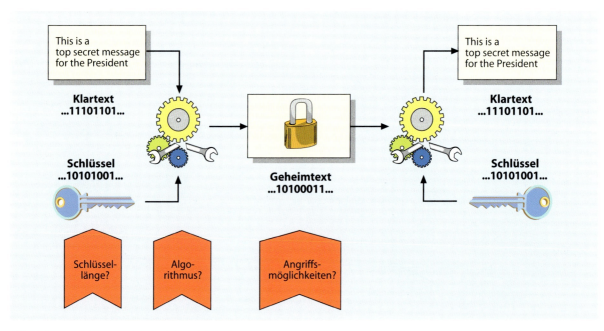

Abbildung 13: Symmetrische Verschlüsselung

Verschlüsselung

mathematischen Entschlüsselung widerstanden. Das gilt für modernere Blockverfahren entsprechend. Die irreführenden Sensationsmeldungen über die Entzifferung DES-verschlüsselter Daten beziehen sich demgegenüber auf sogenannte Brute-Force-Angriffe, simple Durchprobiermethoden, welche für die 10^{17} möglichen Schlüssel des DES die wochenlange Zusammenschaltung hunderter Hochleistungsrechner oder zehntausender PCs erfordern.

Allgemein gilt: Solange ein Verfahren nicht mathematisch entziffert werden kann, ist die Schlüsselanzahl in Relation zur verfügbaren Computerleistung entscheidend, weil das Durchprobieren aller Schlüssel die einzig mögliche Attacke darstellt. Aber mit der Schlüsselvielfalt moderner Verfahren (etwa 10^{40} bei 128 Bit) wird man auch in absehbarer Zukunft gegen jeden „Supercomputer" bestehen (Tabelle 5).

Aufwand für Computertechnik	Schlüssellänge / Bit (symmetrisches Verschlüsselungsverfahren)				
	40	56	112	128	168
1.000 $ (>1 PC)	4 Minuten	145 Tage	10^{16} Jahre	10^{21} Jahre	10^{33} Jahre
1 Million $ (>1000 PCs)	200 ms	3,5 Stunden	10^{13} Jahre	10^{18} Jahre	10^{30} Jahre
1 Milliarde $ (>20 Supercomputer)	200 µs	13 Sekunden	10^{10} Jahre	10^{15} Jahre	10^{27} Jahre
1 Billion $ (???)	200 ns	10 ms	10 Mio. Jahre	10^{12} Jahre	10^{24} Jahre

Tabelle 5: Geschätzte mittlere Dauer einer Brute-Force-Attacke in Abhängigkeit von Schlüssellänge und eingesetzter Computertechnik des Angreifers [9]

Sicherheitsfragen

In der Praxis der Datenübertragung ist zu unterscheiden auf welcher Ebene die Verschlüsselung stattfindet. Manche Softwaresysteme nehmen eine Datenverschlüsselung schon auf der Anwendungsebene vor. Verbreitet ist auch die Verschlüsselung auf Sessionebene, wie sie mit Secure Sockets Layer (SSL) bei Microsoft Explorer und Netscape erfolgt.

Soll die Verschlüsselung nicht im Endgerät sondern im Netzwerk vorgenommen werden, so kann dies auf Verbindungs- oder Netzwerkebene (Ebene 2 oder 3) geschehen. Auch für VPN gibt es diese beiden Möglichkeiten, da entweder der Inhalt der mit PPTP oder L2TP eingepackten PPP-Rahmen oder der Inhalt der transportierenden IP-Pakete verschlüsselt werden kann.

Im Falle der Verschlüsselung auf PPP-Ebene sind neben älteren herstellerspezifischen Verfahren besonders zwei Protokolle von Bedeutung:

- Das PPP DES Encryption Protocol (DESE) ist in RFC 1969 offengelegt. Es wendet DES auf den Inhalt von PPP-Rahmen an und wird auch auf herkömmlichen WAN-Verbindungen eingesetzt.
- Die Microsoft Point-to-Point Encryption (MPPE) nutzt RC4 für PPP-Rahmen und ist in Kombination mit MS-CHAP in jedem Microsoft Betriebssystem ab Windows95 verfügbar. Der Schlüssel wird automatisch nach jeweils 256 übertragenen Rahmen geändert, bei Version 2 sogar mit jedem Paket.

Die Verschlüsselung auf IP-Ebene erfolgt praktisch ausschließlich im Rahmen von IPSec, weshalb hierzu auf Kapitel 4 verwiesen sei.

Im Unterschied zu den symmetrischen Verfahren nutzen asymmetrische Verfahren (Public Key Algorithm) Paare von Schlüsseln, wobei das, was mit dem einen Schlüssel verschlüsselt wurde, nur mit dem anderen wieder entschlüsselt werden kann und umgekehrt (siehe Abbildung 14). Deshalb kann der eine, der öffentliche Schlüssel (Public Key), beliebig verteilt werden, während über den zweiten, den privaten Schlüssel (Private Key), nur der Eigner verfügt.

Grundlage der asymmetrischen Verfahren ist die Idee von Whitfield Diffie und Martin Hellman, zur Abbildung eine mathematische Funktion zu verwenden, deren Umkehrung zwar theoretisch existiert, aber praktisch nur bei Kenntnis eines zusätzlichen Parameters ermittelt werden kann. Die Sicherheit dieser Verfahren beruht demnach auf ungelösten mathematischen Problemen. Ihre Schlüssellängen sind mit denen symmetrischer Verfahren nicht vergleichbar.

Verschlüsselung

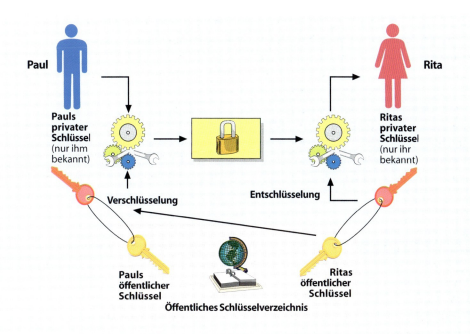

Abbildung 14: Asymmetrische Verschlüsselung

Das bekannteste derartige Verfahren, das nach seinen Erfindern Ronald Rivest, Adi Shamir und Leonard Adleman benannte RSA, basiert auf einem altbekannten Problem der Zahlentheorie. Während es leicht ist, zwei große Zahlen zu multiplizieren, ist die Zerlegung einer großen Zahl in ihre Primfaktoren sehr schwer. Nach monatelanger Parallelarbeit vieler Computer gelang als bisheriges Maximum die Faktorisierung einer 140-stelligen Zahl. Für eine 150-stellige Zahl würde man die 100.000-fache Zeit benötigen. Für RSA werden jedoch 300-stellige Zahlen als Schlüssel empfohlen. Abbildung 15 erklärt das mathematische Funktionsprinzip von RSA.

Ein anderes ungelöstes mathematisches Problem ist der diskrete Logarithmus. Durch entsprechend häufige Multiplikation mit sich selbst kann eine Zahl sehr leicht potenziert werden. Ist von dem Ergebnis aber nur der Rest nach einer Division bekannt, so lässt sich der ursprüngliche Exponent auch bei bekannter Basis nicht ermitteln. Moderne asymmetrische Verfahren nutzen diese Tatsache, weshalb ihre Sicherheit noch höher eingeschätzt wird, als die von RSA. Zugleich kommen diese Verfahren mit kürzeren Schlüsseln aus. Ein Beispiel ist der bei IPSec verwendete Diffie-Hellman-Algorithmus zur

Sicherheitsfragen

Schlüsselaushandlung. Da es sich hierbei jedoch nicht um ein Verschlüsselungsverfahren im eigentlichen Sinne handelt, wird es an entsprechender Stelle im Kapitel 4 erläutert.

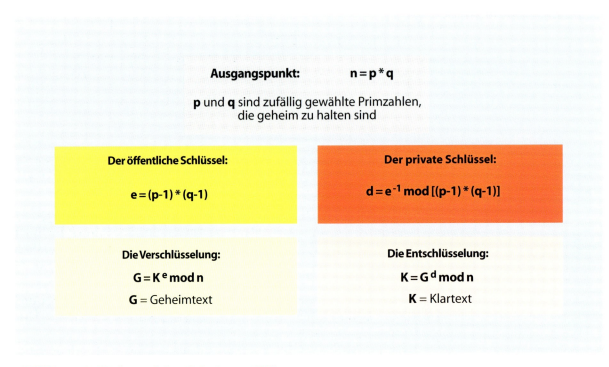

Abbildung 15: Mathematisches Prinzip von RSA

Der wesentliche Nachteil heutiger asymmetrischer Verfahren besteht in ihrem hohen Rechenaufwand, durch den sie für die Online-Verschlüsselung längerer Datenströme ungeeignet sind. Sie kommen für die Verschlüsselung kleiner Datenmengen und für die digitale Signatur zum Einsatz. Die besondere Bedeutung asymmetrischer Verfahren liegt andererseits darin, dass nur durch diese das Problem der Verschlüsselung in offenen Netzen gelöst wurde. Sie ermöglichen ohne vorherige Absprache der Kommunikationspartner die geschützte Übertragung bzw. Aushandlung von Schlüsseln, mit denen dann in einem symmetrischen Verfahren die eigentlichen Daten verschlüsselt werden (siehe Abschnitte 4.4 und 4.5).

Die aufgezeigte Vielzahl von Verfahren sowie die unterschiedlichen Anwendungsebenen und Implementierungsvarianten machen ein Grundproblem des Einsatzes von Verschlüsselung deutlich: Für eine funktionsfähige Lösung ist die Interoperabilität der kommunizierenden Systeme sehr genau zu prüfen bzw. zu testen. Dies ist besonders wichtig, wenn Systeme verschiedener Hersteller in die Lösung integriert werden sollen. Leider existiert das Problem selbst dann, wenn die betreffenden Hersteller sich ausschließlich an Standards halten, denn nicht immer findet sich ein kleinster gemeinsamer Nenner.

In Kapitel 5 sind Beispiele funktionsfähiger Verschlüsselungslösungen enthalten.

3.4 Rechtliche Aspekte

Werden Daten (aus welchen Gründen auch immer) verschlüsselt und danach übertragen, so werden sofort (daten-)rechtliche und sicherheitsrelevante Punkte auch außerhalb der Unternehmen berührt.

Einerseits wollen Anwender dieser Technik dafür sorgen, dass die übermittelten Daten zwischen den Kommunikationspartnern sicher in Hinsicht auf Authentizität übertragen werden und andererseits natürlich ein Abhören, Auswerten oder Missbrauchen der Daten durch nicht unmittelbar an der Kommunikation beteiligte Personen oder Organisationen verhindern.

Somit wird es aber gleichzeitig für Institutionen schwierig, (die z.B. durch richterlichen Beschluss Daten abhören können) den strafrechtlichen Inhalt von Daten nachzuweisen.

In der Vergangenheit wurden kryptografische Produkte mit teilweise sehr restriktiven Exportauflagen versehen, um eine Anwendung dieser Technik für kriminelle Organisationen oder speziell deklarierte Länder zu erschweren. Da dies letztendlich auch zu einer starken Beeinträchtigung der Wettbewerbsfähigkeit der Hersteller dieser Produkte und der Entwicklung von Konkurrenzprodukten geführt hat, wurden in den letzten Monaten diese Exporteinschränkungen stetig gelockert. Die Verschlüsselung bis 40 Bit ist z.B. uneingeschränkt (aus den USA heraus) exportierbar. Verschlüsselung bis 56 Bit ist eingeschränkt exportierbar. Dies gilt aber nicht bei Embargo-Ländern (Kuba, Libyen, Nord-Korea, Irak, Iran, Syrien, Sudan) und nicht bei Ländern, die die Einfuhr verbieten (Frankreich, Russland, China, Indien, Taiwan, Süd-Korea, Singapur, Saudi Arabien, Israel). Für alle anderen Länder ist „Papierkrieg" erforderlich.

Sicherheitsfragen

Verschlüsselung über 56 Bit (bis 168 Bit) ist unter bestimmten Bedingungen auch exportierbar; allerdings nur bei Verwendung in privaten Netzen.

Da sich diese Bestimmungen ständig ändern, ist es für den Anwender wichtig und sinnvoll, sich kurz vor dem Erwerb kryptografischer Produkte nochmals zu diesem Problem aktuell zu informieren! [17]

Erfordernis und Hindernis

Zunehmend erzwingen immer neue Anwendungen die Einführung sicherer Datenübertragungsmechanismen. Als Beispiele stehen hier sogenannten B2B-Applikationen (Bussines-to-Bussines), die den Geschäftsverkehr zwischen Unternehmen vereinfachen sollen. Andere Anwendungen sind z.B. der gesamte private Bankverkehr, das Einkaufen per E-Mail etc.

Hier werden (juristische) Verträge zwischen Personen bzw. Unternehmen abgeschlossen und Geldtransaktionen abgewickelt, die absolut sicher sein müssen. Da sich diese Handlungen auch über Ländergrenzen hinweg erstrecken können, sind nationale Festlegungen nicht nur eingeschränkt wirksam, sondern u.U. sogar ein Hindernis bei der Entwicklung internationaler Anwendungen. So gibt es auch innerhalb der EG (Europäische Gemeinschaft) Bestrebungen, auch hier eine einheitliche Regelung zu formulieren. Die z.B. vom EuGH (Europäischer Gerichtshof) gefällten Urteile zum Datenschutz und zum Post- und Fernmeldegeheimnis stützten sich dabei wiederum auf Entscheidungen der EuMRK (Europäischen Menschenrechtskommission). Dort wird aber wiederum fast ausschließlich auf die geschützte Privatsphäre vor unrechtmäßiger Datenverarbeitung eingegangen. Deshalb wird z.B. in der „Richtlinie 95/46/EG des Europäischen Parlaments und des Rates vom 24. Oktober 1995" von einer Formulierung „zum Schutz natürlicher Personen bei der Verarbeitung personenbezogener Daten und zum freien Datenverkehr" ausgegangen.

Gleichzeitig entstehen aber auf gleicher technischer Basis auch neue Möglichkeiten für die Kommunikation krimineller Personen bzw. Organisationen. Das Thema war in der Vergangenheit in ähnlicher Form bereits einmal Diskussionsgegenstand bei der Einführung der Funktelefonie. Mit der (bevorstehenden) Anwendung der paketbasierenden VoIP-Telefonie existiert dieses Thema auf einer anderen technischen Basis exakt wieder. Bei dieser Technik können Gespräche zwischen Personen/Gruppen über das Internet geführt werden, wobei sich die Übertragungswege nicht eindeutig bestimmen lassen.

Weiterhin werden die digitalisierten Sprachpakete durch verschiedene Komprimierungsverfahren „kodiert", können danach zusätzlich als ganz normale IP-Pakete jederzeit verschlüsselt werden und sind auf den Übertragungswegen als Sprachpaket nicht mehr unmittelbar erkennbar und somit „abhörsicher".

Datenschutz und Überwachungspraktiken

Das FBI (Federal Bureau of Investigation) hat bereits Anfang 2000 ein E-Mail-Abfangsystem namens „Carnivore" (Fleischfresser) zum Abhören von E-Mails eingesetzt. Mit diesem soll es u.a. möglich sein, den E-Mail-Verkehr bestimmter Personen abzufangen. Dies hat u.a. Bürgerrechtsorganisationen wie die ACLU (American Civil Liberties Union) oder auch das Epic (Electronic Privacy Information Center) dazu veranlasst, Sturm gegen ein solches System zu laufen, da die Rechtslage bisher nicht eindeutig ist. Daraufhin wurde eine Untersuchung eingeleitet, deren Ergebnis bis Ende 2000 erwartet wird.

In Großbritannien wird zum Oktober 2000 das RIP-Gesetz (Regulation of Investigatory Powers) rechtskräftig, das es den britischen Ermittlungsbehörden und dem Geheimdienst MI5 ermöglicht, E-Mails und Internet-Datenkommunikationen zu überwachen. Auch hier steht die Aufklärung von strafbaren Handlungen als wichtigster Begründungspunkt im Mittelpunkt. Das Gesetz ist aber wesentlich schärfer definiert als Carnivore und sieht z.B. die Herausgabe von Chiffriercodes an die Ermittlungsbehörden vor. Dabei ist die Herausgabe des Schlüssels durch die Betroffenen selbst geheim zu halten. Bei Zuwiderhandlungen drohen teilweise erhebliche Freiheitsstrafen. Auch in Japan wurde bereits ein ähnliches Gesetz im Sommer diesen Jahres verabschiedet.

In Deutschland existiert ein derartiges Gesetz bisher nicht. Die Wahrung des Brief-, Post- und Fernmeldegeheimnisses ist durch § 10 des Grundgesetzes geregelt. Allerdings ist im TKG (Telekommunikationsgesetz) beim Vorliegen bestimmter dringender Verdachtsmomente die Einschränkung dieses Grundrechts möglich. So muss z.B. unter Vorlegen entsprechender schriftlicher Anordnungen den Fahndern ein Zugriffspunkt an der TK-Anlage zum Abhören zur Verfügbar gestellt werden. Diese Möglichkeit bezieht sich allerdings bisher noch nicht auf die paketorientierte Datenübertragung. Deshalb wird dieses Thema im Zusammenhang mit der TKÜV (Telekommunikations-Überwachungsverordnung) immer wieder heiß diskutiert.

Sicherheitsfragen

Sicherheitsaspekte oder totale Überwachung?

Die Notwendigkeit der Verschlüsselung von Daten einerseits und die Möglichkeit, verschlüsselte Daten andererseits unter bestimmtem Tatverdacht überwachen zu können, liegen als zwei kontroverse Diskussionspunkte klar auf der Hand. Beide Seiten haben berechtigte Ansprüche auf eine Verschlüsselung oder Überwachung.

Dass dieses Thema für die Anwender eine zwingende Notwendigkeit darstellt, sollen nachfolgende Beispiele kurz andeuten: Die Verlagerung einzelner Geschäftsprozesse und der Austausch vertraulicher Daten auf elektronische Kommunikationswege dürfen bisherige Rechtsverbindlichkeiten keinesfalls beeinträchtigen. Das erste Datenschutzgesetz überhaupt wurde 1970 im Land Hessen verabschiedet. Das BDSG (Bundesdatenschutzgesetz) trat erst am 01.01.1979 voll in Kraft. Im § 1 des BDGS der BRD [18] wird als „Zweck und Anwendungsbereich des Gesetzes" im Abschnitt (1) speziell aufgeführt: „Zweck dieses Gesetzes ist es, den einzelnen davor zu schützen, dass er durch den Umgang mit seinen personenbezogenen Daten in seinem Persönlichkeitsrecht beeinträchtigt wird."

In vielen Einrichtungen gibt es Datenschutzbeauftragte. Die Existenz solcher Datenschutzbeauftragter ist gesetzlich bis auf Landesebene geregelt. So wurde z.B. im Artikel 33a der Bayerischen Verfassung (Änderung der Verfassung des Freistaates Bayern vom 20. Februar 1998/GVBl. S. 39) ein Landesbeauftragter für den Datenschutz gewählt und sein Aufgabengebiet definiert. Die Aufgabe derartiger Personen ist es u.a., für die Sicherheit der Daten zu sorgen und zu gewährleisten, dass die Daten vor unerlaubten Zugriffen, Manipulation, missbräuchlicher Verwendung etc. geschützt bleiben. Dabei ist es unerheblich, ob es sich um den Schutz von Daten innerhalb des Unternehmens oder auch um den Transport schützenswerter Daten zu anderen Einrichtungen handelt.

Einige Beispiele

Alle relevanten Daten, die zu einem Patienten gehören (persönliche Angaben wie Geburts- und Wohnort, Alter, Konfession, Angaben zur Versicherung, alle Informationen zum Krankheitsverlauf etc.) müssen laut Datenschutzgesetz vor unerlaubten Zugriffen geschützt werden.

Spezielle Daten sind oft in spezialisierten medizinischen Einrichtungen gespeichert, wie z.B. Aufnahmen der Computertomografie bei Krebspatienten. Diese Informationen müssten aber auch dem behandelnden Arzt in anderen

Rechtliche Aspekte

Einrichtungen zur Verfügung gestellt werden. In der Vergangenheit wurde dies leider allzu oft nur durch den Umweg über die „Postzustellung" realisiert. Die Möglichkeit der geschützten Datenübertragung würde hier den Aufwand des Zugriffs auf diese Informationen drastisch senken und gegenüber dem bisher üblichen Versand sogar noch die Sicherheit der zentralen Archivierung erhöhen. Der Verlust unikater Informationen würde gleichzeitig minimiert.

Spezielle Kurier- bzw. Sicherheitsdienste sind damit beauftragt, z.B. Belege für die Geldinstitute zu transportieren. Dabei verlangen die Banken lediglich den sicheren, geschützten Transport ihrer Kundendaten. Die Notwendigkeit dieses Aufwands wird u.a. mit dem Bankgeheimnis begründet. Es ist für jeden Bankkunden auch eine Selbstverständlichkeit, dass mit seinem „Geld" äußerst sorgfältig umgegangen wird.

Auch im Versicherungswesen ist der Austausch von Verträgen mittels E-Mail denkbar. Da hierbei vertraglich wichtige Daten über ein öffentliches Nachrichtensystem übertragen werden, ist deren Schutz unabdingbar, um eine Fälschung des Vertragsinhaltes oder ein Ausspionieren von Daten zu verhindern.

Ein letztes Beispiel soll das „Risiko" des Einkaufs über das Internet aufzeigen: Werden die Daten eines Verkaufsvorgangs durch Abhören ermittelt, so können nicht nur die Kreditkartennummer, sondern auch der Artikel, die Menge, die Versandart oder andere Angaben manipuliert werden. Damit können den ursprünglichen Partnern der Kaufhandlung große Schäden zugefügt werden.

In letzter Zeit wird als mögliche Kennzeichnung der Echtheit von Informationsträgern immer wieder von „elektronischer Signatur" gesprochen. Hierbei handelt es sich allerdings nur um das Einbringen spezieller Absenderkennungen in Quellinformationen. Somit ist es möglich, auch nach längerer Zeit die Echtheit der Information zu garantieren. Allerdings sind diese Informationen nach dem Einbringen der Signatur immer noch im Klartext vorhanden.

Mit einem Signaturverfahren allein ist es somit nicht möglich, einen „Schutz" der übertragenen Daten vor unerlaubter Auswertung zu gewährleisten. Hier wird lediglich die Echtheit der Quelle nachgewiesen. Ein Auswerten der Daten kann somit nicht verändert werden.

Manfred Kanther versuchte z.B. 1997 als damaliger Innenminister ein Gesetz durchzusetzen, das die Anwendung von Kryptografieprodukten regeln sollte. Die geplante Hinterlegung der Dekodierschlüssel bei einer staatlichen Institution scheiterte u.a. am Widerstand der Industrie.

Sicherheitsfragen

Das Verständnis jedes Anwenders für diese komplexen Interessen beider Seiten stellt eine Voraussetzung auf dem Weg der Schaffung eines künftigen Gesetzwerks dar.

Die baldige Existenz eines solchen Gesetzes dürfte logisch sein. Immerhin wurde innerhalb der EU (Europäische Union) bereits Ende der 90er Jahre die „Enfopol"-Initiative der beteiligten Justiz und Innenminister bekannt, die ebenfalls auf die Schaffung eines ähnlichen Gesetzes hinzielte. Diese wurde aber erst einmal „auf Eis" gelegt.

Sicherlich bedarf dieses Thema einer baldigen Klärung. Auf der Seite der Anwender steht die Forderung der Wahrung ihres Datenschutzes, andererseits müssen die Ermittlungsbehörden in die Lage versetzt werden, unter bestimmten Umständen und Auflagen Ermittlungen vornehmen zu können.

Weiterführende Informationen zu dieser komplexen Problematik sind in einer demnächst erscheinenden Publikation der Firma Gora, Hecken & Partner (http://www.ghp-cs.de) zum Thema „E-Commerce und Mobile Computing" nachlesbar.

4 Sicherheitsstandard IPSec

Der heute zu beobachtende Boom des Internet dürfte zumindest zum Teil auch darauf zurückzuführen sein, dass dieses weltweite Netz keiner Firma oder Organisation gehört und folglich keinen dementsprechenden Rechtsansprüchen und Restriktionen unterliegt. Andererseits resultiert aus eben diesem Sachverhalt ein Problem für die zunehmende geschäftliche Nutzung des Netzes, denn die Gewährleistung der dafür erforderlichen Sicherheit gestaltet sich entsprechend schwierig. Das Internet ist nach allgemeiner Einschätzung das unsicherste Netzwerk überhaupt. Vor diesem Hintergrund hat die IETF eine Reihe von RFCs verabschiedet, die dem Anwender eine sichere Nutzung dieses unsicheren Mediums erlauben.

4.1 Grundlagen der IP Security

Als erstes ist festzustellen, dass es sich bei IP Security (IPSec) nicht, wie oft vermutet, um *einen* Standard handelt. Vielmehr sind die einzelnen Bestandteile des *Systems* IPSec auf ein ganzes Bündel unterschiedlich kombinierbarer Standards verteilt. Es handelt sich dabei im wesentlichen um die RFCs 2401 bis 2412, welche die älteren RFCs 1825 bis 1829 und 1851 bis 1853 ablösen bzw. ergänzen.

Es muss erwähnt werden, dass die IPSec-Standards keinen speziellen Bezug zu den im Kapitel 2 vorgestellten VPN-Protokollen haben. IPSec sollte daher zunächst unabhängig von diesen verstanden werden. Insbesondere die unterschiedliche Bedeutung des Begriffs „Tunnel" kann andernfalls zu Missverständnissen führen.

Die Kombination von IPSec mit PPTP bzw. L2TP wird im Abschnitt 4.6 erläutert.

RFC 2401 legt die allgemeine Architektur des IPSec-Systems fest. Dessen Ziel ist die Bereitstellung von Sicherheitsfunktionen auf IP-Ebene sowohl für IPv4 als auch für IPv6. Es ist im Prinzip für jede Art von IP-Kommunikation nutzbar und so gestaltet, dass die resultierenden Datenströme auch über Netzkomponenten transportiert werden können, die IPSec nicht unterstützen. Dazu werden in das IP-Paket nach dem IP-Paketkopf maximal zwei zusätzliche Header eingefügt, welche dem Empfänger signalisieren, dass es sich um ein IPSec-gesichertes Paket handelt und wie dies zu verarbeiten ist. Das

Sicherheitsstandard IPSec

ursprüngliche IP-Paket wird auf diese Weise nur in seiner Länge und bei der im IP-Header eingetragenen ID des nachfolgenden Protokolls geändert (siehe Abbildung 16).

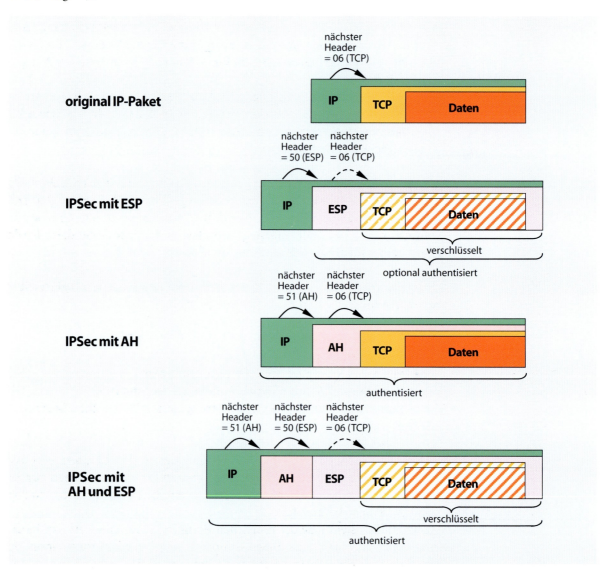

Abbildung 16: Paketaufbau: IPSec Transport Mode

Diese zusätzlichen Header gehören zu entsprechenden Protokollen, die in RFC 2402 bzw. 2406 beschrieben sind:

- Das Encapsulating Security Payload-(ESP)-Protokoll erlaubt die Anwendung eines Verschlüsselungsverfahrens auf den Datenteil des IP-Pakets sowie optional eine begrenzte Authentisierung. Es fügt dem IP-Paket neben dem ESP-Header auch noch einen Anhang (Trailer) hinzu.
- Einen vollständigen Integritätsschutz der IP-Daten inklusive Authentisierung der IP-Quelladresse und optionalem Replay-Schutz liefert der Authentication Header (AH). Dieser ermöglicht jedoch keine Verschlüsselung.

Wie Abbildung 16 ebenfalls zeigt, können AH und ESP je nach Sicherheitsanforderungen einzeln oder in Kombination genutzt werden. Wenn gleichzeitig Verschlüsselung und vollständige Authentisierung gefordert sind, ist eine kombinierte Anwendung angezeigt, weil keines der Protokolle diese Forderung allein erfüllt.

Insgesamt ergeben sich für IPSec damit fünf verschiedene Möglichkeiten, von denen die letzte jedoch wenig sinnvoll ist:

- Authentisierung mit AH,
- Verschlüsselung mit ESP,
- Verschlüsselung und Authentisierung mit ESP,
- Verschlüsselung mit ESP und Authentisierung mit AH,
- Verschlüsselung und Authentisierung mit ESP + Authentisierung mit AH.

Darüber hinaus können für die Verschlüsselung im Rahmen von ESP verschiedene Verschlüsselungsverfahren gewählt werden und auch für die Authentisierung mit AH (oder ESP) sind verschiedene Verfahren nutzbar (siehe Abschnitt 4.2 und 4.3).

Letztendlich stellt jede der möglichen Kombinationen von Authentisierung und Verschlüsselung eine IPSec-konforme Regel zur Transformation der Daten dar, so dass sich eine recht große Zahl unterschiedlicher Anwendungsvarianten ergibt.

Sicherheitsstandard IPSec

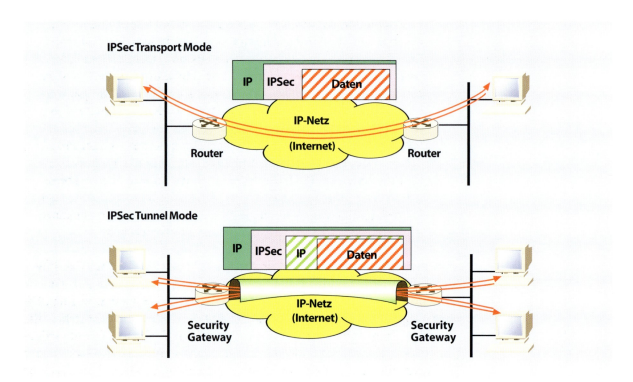

Abbildung 17: IPSec-Funktionsmodelle

Zu allem Überfluss definiert RFC 2401 nun auch noch zwei grundsätzlich verschiedene Funktionsmodelle von IPSec, die sich an den Gegebenheiten für eine allgemeine IP-Kommunikation im Internet orientieren (siehe Abbildung 17):

- Der IPSec Transport Mode wird in Endgeräten (Hosts) verwendet, um den Datenaustausch mit anderen Endgeräten zu sichern. Die dazwischenliegenden Übertragungssysteme (Hubs, Switches, Router) sind an der IPSec-Beziehung nicht beteiligt und müssen nur IP-Pakete transportieren. Der IPSec Transport Mode führt zu dem in Abbildung 16 gezeigten Paketaufbau.
- Der IPSec Tunnel Mode ermöglicht, dass Security-Gateways (Router oder Firewalls mit IPSec) stellvertretend für alle dahinterliegenden Endgeräte die Sicherung der Datenströme vornehmen. Dieses Modell trägt der Tatsache Rechnung, dass Endgeräte oft lokal ver-

Grundlagen der IP Security

netzt sind und das gesamte LAN an das Internet über einen Router angebunden ist, der die Funktion des Security-Gateways übernehmen kann. Um die IP-Pakete der Endgeräte nicht zu verändern, packt das Security-Gateway sie als Daten in selbsterzeugte IP-Pakete ein. Diese werden über das Trägernetz geroutet und auf Empfängerseite, einem weiteren Security-Gateway, wieder ausgepackt. Über das IP-Trägernetz hinweg entsteht dadurch ein Tunnel, der als IP-VPN anzusehen ist. Zu den in Kapitel 2 vorgestellten Tunnel-Protokollen besteht jedoch ein erheblicher Unterschied, denn anders als bei PPTP oder L2TP werden beim IPSec Tunnel Mode keine Ebene-2-Informationen mittransportiert. Vielmehr werden Daten der Ebene 3 (IP) nochmals in Ebene-3-Pakete eingepackt und das ganze Verfahren ist auf IP als Anwendungsprotokoll beschränkt.

Im Falle des IPSec Tunnel Mode werden AH und/oder ESP auf das äußere IP-Paket angewandt, was zu dem in Abbildung 18 dargestellten Paketaufbau führt. Natürlich können auch hier AH oder ESP allein genutzt werden. Die oben aufgelisteten Kombinationsmöglichkeiten von AH und ESP stehen also sowohl im Transport als auch im Tunnel Mode zur Verfügung. Damit verdoppelt sich die Zahl der IPSec-Varianten auf zehn, ohne dass die verschiedenen Verfahren für Authentisierung und Verschlüsselung schon berücksichtigt wären.

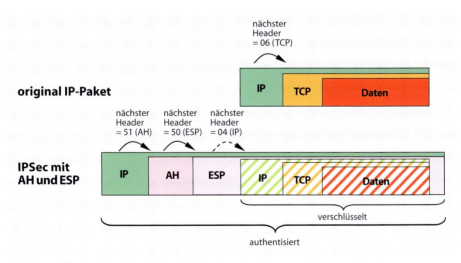

Abbildung 18: Paketaufbau IPSec Tunnel Mode

Sicherheitsstandard IPSec

Um trotz dieser Vielfalt auf einen gemeinsamen Nenner zu kommen, müssen die IPSec-Kommunikationspartner in eine (Sicherheits-)beziehung zueinander treten. Diese Security Association (SA) ist eine Art Vereinbarung darüber, welche Daten nach welchem Modus mit welchen Verfahren und welchen Schlüsseln zu authentisieren und/oder zu verschlüsseln sind. Ein Endgerät (Host) soll sowohl den Transport- als auch den Tunnel Mode unterstützen, während für ein Security-Gateway (Router) nur die Unterstützung des Tunnel Mode obligatorisch ist. Wenn mindestens eine Seite einer SA ein Security Gateway ist, so muss die SA folglich im Tunnel Mode arbeiten.

In jedem Fall muss es je Übertragungsrichtung sowohl für die Authentisierung als auch für die Verschlüsselung separate SAs geben und diese müssen aktiv sein, bevor Anwendungsdaten übertragen werden können. Die entsprechenden Parameter werden bei jedem der IPSec-Kommunikationspartner in einer lokalen Datenbank gespeichert (siehe Abbildung 19).

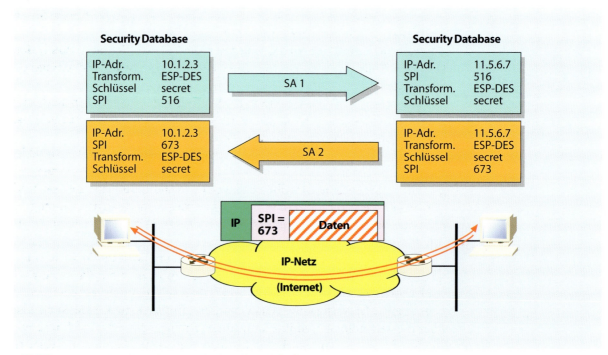

Abbildung 19: IPSec Security Association (vereinfacht)

Grundlagen der IP Security

Eine SA ist dabei stets durch mindestens drei Komponenten eindeutig beschrieben:

- Der Security Parameters Index (SPI) ist eine einfache Nummer, die den Kommunikationspartner auf den entsprechenden Eintrag in seiner Sicherheitsdatenbank verweist, für einen Außenstehenden jedoch bedeutungslos ist.
- Die IP-Adresse gibt an, welchem Kommunikationspartner die SA zugeordnet ist.
- Mit der Transformation wird festgelegt, welches Sicherheitsprotokoll (AH und/oder ESP mit welchem Verfahren) auf die Daten anzuwenden ist.

Man unterscheidet statische SAs, deren Parameter fest eingestellt sind, und dynamische SAs, bei denen sich einige Parameter während der Übertragung (z.B. mit jedem Paket) ändern. Außerdem kann die Gültigkeit einer SA auf eine gewisse Zeit oder Datenmenge begrenzt sein.

Gegenwärtig sind nur SA-Mechanismen für Unicasts definiert; dies bedeutet zugleich, dass IPSec für Multicast-Übertragungen bisher nicht eingesetzt werden kann.

Da in der eigentlichen Datenübertragung nur die SPIs enthalten sind, kann aus den übertragenen AH- bzw. ESP-Headern weder der verwendete Schlüssel noch das benutzte Verfahren herausgelesen werden.

Von IPSec selbst wird im Übrigen nicht vorgegeben, wie eine SA zu bilden ist, wie also entsprechende Einträge in der Sicherheitsdatenbank erzeugt bzw. geändert werden. Hierfür gibt es unterschiedliche Lösungen, die von beidseitiger lokaler Konfiguration bis zu bedarfsgesteuerter Aushandlung im öffentlichen Netz reichen. Einzelheiten dazu werden in den Kapiteln 4.4 und 4.5 erläutert.

Die beschriebene Komplexität des IPSec-Systems wird in [3] zu Recht als sein größter Schwachpunkt kritisiert. Immerhin ist dadurch die Gefahr von Fehlkonfigurationen gegeben, was Verschlüsselung und/oder Authentisierung angreifbar oder völlig unwirksam machen könnte. Umfassende Kenntnisse über die Technologie und ihre Implementierung in Routern und Endgeräten werden damit zur Voraussetzung für die erfolgreiche Planung und Verwirklichung jeder IPSec-Lösung.

Sicherheitsstandard IPSec

Auf der anderen Seite ist festzustellen, dass IPSec bisher das einzige genormte und interoperable System zur Schaffung von Sicherheit auf IP-Ebene ist. Es hat bei korrekter Anwendung noch keine Sicherheitslücken offenbart.

4.2 IPSec-Authentisierungsverfahren

Mit der IPSec-Authentisierung soll sichergestellt werden, dass das übertragene Paket genau so beim Empfänger ankommt, wie es vom Sender abgeschickt wurde, ohne Änderungen und ohne ungewollte Wiederholungen.

Wie in Abschnitt 4.1 beschrieben, ist eine Authentisierung im Rahmen von IPSec sowohl mit ESP als auch mit AH möglich. Allerdings werden mit ESP nur die transportierten Daten gesichert, während bei Verwendung von AH anhand der IP-Quelladresse zusätzlich auch deren Absender authentisiert wird. Außerdem bietet AH einen optionalen Replay-Schutz anhand einer fortlaufenden Prüfung der im Header enthaltenen Paketfolgenummer. Abbildung 20 zeigt den genauen Aufbau von AH.

Alle Felder müssen vorhanden sein:

Next Header (1 Octet):	Protokoll-ID des nachfolgenden Headers
Payload Len (1 Octets):	Länge des AH in 32-Bit-Worten minus 2
SPI (4 Octets):	Bezug zur SA in der Security Database
Sequence No. (4 Octets):	Paketfolgenummer, = 0 beim Start der SA, dann Erhöhung mit jedem gesendeten Paket, Empfänger kann innerhalb eines Fensters prüfen
Auth. Data (n Octets):	Integrity Check Value (ICV) = berechneter HMAC-Wert (siehe unten)

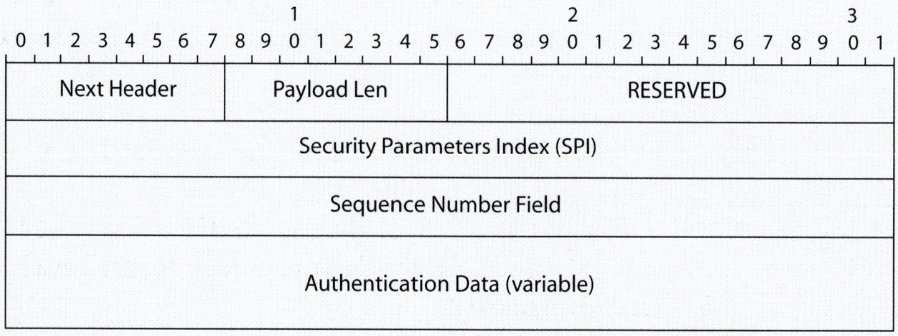

```
 0 1 2 3 4 5 6 7 8 9 0 1 2 3 4 5 6 7 8 9 0 1 2 3 4 5 6 7 8 9 0 1
+---------------+---------------+-------------------------------+
|  Next Header  |  Payload Len  |           RESERVED            |
+---------------+---------------+-------------------------------+
|                 Security Parameters Index (SPI)               |
+---------------------------------------------------------------+
|                    Sequence Number Field                      |
+---------------------------------------------------------------+
|                 Authentication Data (variable)                |
+---------------------------------------------------------------+
```

Abbildung 20: Authentication-Header-Format

IPSec-Authentisierungsverfahren

Die Unverfälschtheit der Daten (bei ESP) bzw. des gesamten IP-Pakets (bei AH) wird durch kryptografische Hash-Funktionen gewährleistet. Dabei handelt es sich um mathematische Methoden, die aus einem beliebig langen Klartext ein Komprimat vorgegebener Länge ähnlich einer Prüfziffer erzeugen. Das Komprimat wird Hash-Wert genannt. Es ist so etwas wie ein Fingerabdruck des Klartextes und sollte im Interesse der Eindeutigkeit nicht kleiner als 128 Bit sein.

Die Hash-Funktion zeichnet sich durch mehrere Besonderheiten aus:

- Sie bildet den Klartext so auf den Hash-Wert ab, dass auch die kleinste Veränderung des ursprünglichen Textes zu einem gänzlich anderen Hash-Wert führt.
- Mit Hilfe der mathematischen Funktion ist die Abbildung (der Hash-Wert) leicht zu berechnen.
- Die Abbildung ist nicht umkehrbar (Einweg-Funktion). Es ist also unmöglich aus dem Hash-Wert den ursprünglichen Text zu rekonstruieren.
- Die Hash-Funktion ist kollisionsfrei. Das heißt, dass mit vernachlässigbarer Unsicherheit ein bestimmter Hash-Wert das Ergebnis eines (und nur dieses) Klartextes ist.

Da es nur eine endliche Zahl unterschiedlicher Hash-Werte gibt, besteht rein theoretisch die Möglichkeit, zwei Nachrichten zu konstruieren, die den gleichen Hash-Wert ergeben. Die Hash-Funktionen arbeiten jedoch so, dass diese Möglichkeit nur bei völlig verschiedenen Klartexten unterschiedlicher Länge gegeben ist, bei denen es zur Erkennung der Abweichung keiner Authentisierung bedarf. Geringfügige Änderungen des ursprünglichen Klartextes werden demgegenüber durch differierende Hash-Werte eindeutig nachgewiesen.

Die bekanntesten Hash-Funktionen sind MD5 und SHA-1:

- Der Message Digest Algorithm 5 (MD5) liefert einen Hash-Wert von 128 Bit Länge. Er wurde von Ronald Rivest entwickelt und in RFC 1321 offengelegt.

Sicherheitsstandard IPSec

- Der Secure Hash Algorithm 1 (SHA-1) erzeugt einen 160-Bit-Hash-Wert. Er stellt eine Entwicklung des NIST dar und ist in dessen Dokument FIPS-180-1 beschrieben.

Diese Hash-Funktionen werden auch in anderem Zusammenhang genutzt. Beispielsweise überträgt CHAP anstelle des Passwortes nur dessen Hash-Wert nach Verknüpfung mit einer Zufallszahl.

Bei der digitalen Signatur wird der Hash-Wert des zu unterschreibenden Dokuments mit dem privaten Schlüssel des Unterzeichners verschlüsselt.

Im Falle von IPSec erfolgt mit der Hash-Funktion die Authentisierung der Daten, indem der Hash-Wert berechnet und zusammen mit den Daten übertragen wird. Zur Überprüfung (auf Empfängerseite) wird aus den empfangenen Daten nach dem gleichen Verfahren der Hash-Wert nochmals berechnet und mit dem übertragenen Wert verglichen. Hier entsteht jedoch ein zusätzliches Problem: Da die Hash-Funktionen öffentlich bekannt sind, wäre es für einen Angreifer relativ einfach, die Daten zu verändern und den gesendeten Hash-Wert durch einen passenden selbst errechneten Wert zu ersetzen.

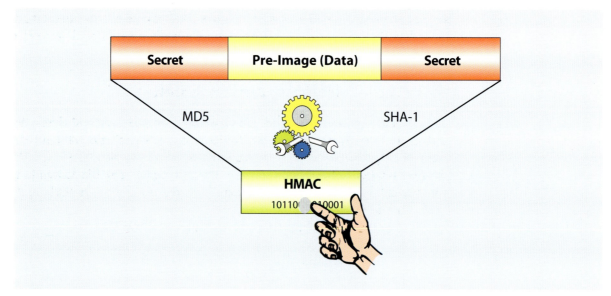

Abbildung 21: Hash Message Authentication Code

Um auch diese Gefahr sicher auszuschließen, verknüpft man die Daten vor der Berechnung des Hash-Wertes mit einem geheimen Schlüssel bzw. Passwort (siehe Abbildung 21). Ohne Kenntnis des Schlüssels lässt sich weder aus dem übertragenen Klartext noch aus dem Hash-Wert der Ausgangstext der Hash-Berechnung ermitteln. Einem Angreifer ist es dadurch unmöglich, zu einem modifizierten Datenpaket einen Hash-Wert zu berechnen, den der Empfänger als gültig ansehen würde.

Das aus der Kombination von Hash-Funktion und vorheriger Passwortverknüpfung bestehende Verfahren und sein Ergebnis nennt man Hash Message Authentication Code (HMAC). Es ist in RFC 2104 beschrieben.

Für IPSec wird die Unterstützung von HMAC mit MD5 und HMAC mit SHA-1 als Mindestforderung genannt. Die Anwendung beider Verfahren mit ESP und AH ist in den RFCs 2403 und 2404 standardisiert. Während die HMAC-Berechnung bei ESP nur für einen Teil des Pakets erfolgt, bezieht AH nicht nur den eigenen Header (einschließlich der Paketfolgenummer) sondern auch die unveränderlichen Felder des IP Headers (Version, Header-Länge, Paketlänge, Fragment-ID, Protokoll ID, Quelladresse, Zieladresse) ein. Einzig das Feld „Authentication Data" im AH wird für die Berechnung auf Null gesetzt, da diese sonst nicht möglich wäre. Die Prüfung auf Empfängerseite erfolgt unter den gleichen Bedingungen. Verfälschte oder wiederholt zugesendete Pakete können auf diese Weise eindeutig erkannt und verworfen werden.

4.3 IPSec-Verschlüsselungsverfahren

Zweck der Verschlüsselung ist die Gewährleistung der Vertraulichkeit der Daten, d.h. der Schutz gegen das Mitlesen durch Unbefugte während der Übertragung. Die dafür heute verfügbaren Verfahren wurden bereits im Abschnitt 3.3 vorgestellt. Im Rahmen von IPSec ermöglicht ESP die Anwendung von Verschlüsselungsverfahren auf den Datenteil des Pakets. Abbildung 22 zeigt den Aufbau von ESP.

Sicherheitsstandard IPSec

Die einzelnen Felder haben folgende Bedeutung:

SPI (4 Octets):	Bezug zur SA in der Security Database
Sequence No. (4 Octets):	Paketfolgenummer, = 0 beim Start der SA, dann Erhöhung mit jedem gesendeten Paket, Prüfung beim Empfänger möglich
Payload Data:	IP-Daten (bei Transp. Mode) bzw. original IP-Paket (bei Tunnel Mode)
Padding (optional):	Füllbytes (Vielfaches der Verschlüsselungs-Blocklänge, Positionierung nachfolgender Felder)
Pad Length (1 Octet):	Anzahl der davor stehenden Pad-Bytes
Next Header (1 Octet):	Protokoll-ID des nachfolgenden Headers
Auth. Data (optional):	Integrity Check Value (ICV) = berechneter HMAC-Wert

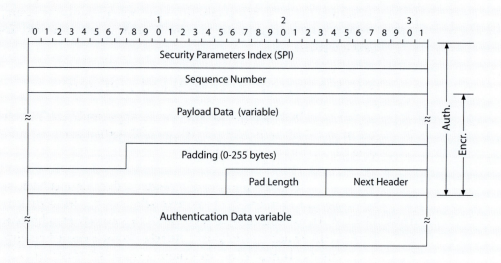

Abbildung 22: ESP-Header und Trailer

In RFC 2406 wird als Mindestanforderung für IPSec nur die Unterstützung von DES verlangt. Im Prinzip ist aber jedes der im Abschnitt 3.3 genannten symmetrischen Verschlüsselungsverfahren mit ESP anwendbar, sofern es von beiden Kommunikationspartnern unterstützt wird.

Wenn ESP optional auch zur Authentisierung verwendet wird, so erfolgt die Verschlüsselung als erstes. Auf Empfängerseite wird zuerst die Authentisierung geprüft und dann entschlüsselt. Auf diese Weise können nicht authentisierte Pakete verworfen werden, ohne CPU-Leistung zur Entschlüsselung zu verschwenden.

Für die Authentisierung mit ESP sind die gleichen Verfahren wie bei AH verwendbar. Nach der Definition des Standards besteht auch die Möglichkeit, ESP nur für die Authentisierung zu verwenden, indem als Verschlüsselungsverfahren NULL angegeben wird. Außerdem bietet auch ESP durch die Prüfung der Paketfolgenummer einen optionalen Replay-Schutz. In der Praxis ist aber oft fraglich, ob diese Optionen in der Implementierung eines gewählten Herstellers überhaupt enthalten sind.

Allgemein ist jedenfalls mit AH eine bessere Authentisierung (inkl. IP-Header) zu erreichen, während die Verschlüsselung nur mit ESP bewerkstelligt werden kann.

4.4 Dynamische Schlüsselaushandlung

Neben der Wahl geeigneter Authentisierungs- und Verschlüsselungsverfahren ist zur Erreichung der gewünschten Sicherheit auch ein sinnvoller Umgang mit den Schlüsseln erforderlich:

- Schlüssel sollten so gewählt werden, dass sie nicht leicht erraten werden können. Beispielsweise schränkt die Benutzung normaler Worte die Schlüsselvielfalt stark ein und das Durchprobieren des Wörterbuches (Dictionary-Attacke) könnte einen Angreifer schnell ans Ziel bringen. Die Verwendung von aus Buchstaben, Ziffern und Sonderzeichen bestehenden Zeichenketten als Schlüssel verhindert dies zuverlässig.
- Für verschiedene Übertragungswege und Sicherheitsverfahren sollten unterschiedliche Schlüssel bzw. Passwörter benutzt werden, damit nicht durch das Bekanntwerden eines Schlüssels das ganze System kompromittiert ist.

Sicherheitsstandard IPSec

- Jeder Schlüssel sollte in gewissen Abständen geändert werden, um einen Brute-Force-Angriff zu erschweren und einem potenziellen Angreifer nicht endlos Zeit zum Finden des Schlüssels zu lassen.

IPSec unterstützt sowohl manuelle als auch automatische Schlüssel. In kleinen Netzen ist die manuelle Konfiguration der Geräte im Allgemeinen noch möglich. In größeren Netzwerken führt jedoch insbesondere die Forderung nach ständiger Schlüsseländerung zu unvertretbar hohem administrativen Aufwand. Bei der heute üblichen Kommunikation „jeder mit jedem" steigt nämlich die Zahl der IPSec-Beziehungen exponentiell zur Anzahl der beteiligten Systeme.

Gänzlich unmöglich wird die Verwendung manueller Schlüssel im öffentlichen Netz (Internet), wenn die Kommunikationspartner einander nicht kennen und keine Möglichkeit haben, sich vorher auf einen Schlüssel zu verständigen.

Die Lösung für beide Probleme heißt Internet Key Exchange (IKE). Dieses in RFC 2409 genormte Protokoll ist der Standard für das automatische Schlüsselmanangement im Rahmen von IPSec. Es erlaubt den IPSec-Kommunikationspartnern, sich gegenseitig zu authentisieren und Schlüssel und weitere Parameter einer SA automatisch auszuhandeln und dynamisch zu ändern.

IKE und stellt ein Hybrid aus ISAKMP und OAKLEY dar:

- Das Internet Security Association and Key Management Protocol (ISAKMP) ist in RFC 2408 genormt und legt die Prozeduren für die Verwaltung von SAs (Aufbau, Änderung, Löschung) fest. Insbesondere definiert es die Paketformate zur Übertragung der entsprechenden Informationen. ISAKMP schreibt jedoch kein bestimmtes Verfahren zur Schlüsselaushandlung vor.
- Das in RFC 2412 beschriebene OAKLEY-Verfahren ermöglicht die Vereinbarung eines geheimen Schlüssels für die anschließende Datenübertragung. Es basiert auf dem Diffie-Hellman-Algorithmus zur Schlüsselaushandlung. Dazu wird das mathematische Problem des diskreten Logarithmus genutzt, welches bereits in Kapitel 3.3 beschrieben wurde. Allerdings verschlüsselt und überträgt der Diffie-Hellman-Algorithmus nicht den eigentlichen Schlüssel. Vielmehr wird auf beiden Seiten mit einer Zufallszahl die Potenz des gleichen

Dynamische Schlüsselaushandlung

Ausgangswertes g gebildet und der Rest nach Division durch p übertragen. Wenn nun auf jeder Seite die gleiche Operation nochmals mit dem empfangenen Wert durchgeführt wird, so sind die Ergebnisse identisch und können anschließend als Schlüssel dienen (siehe Abbildung 23). Das Besondere ist, dass dieser Schlüssel s zu keiner Zeit und in keiner Form über das Netz geschickt wurde und dass er aus den übertragenen Informationen auch bei bekannten Werten g und p nicht ermittelt werden kann.

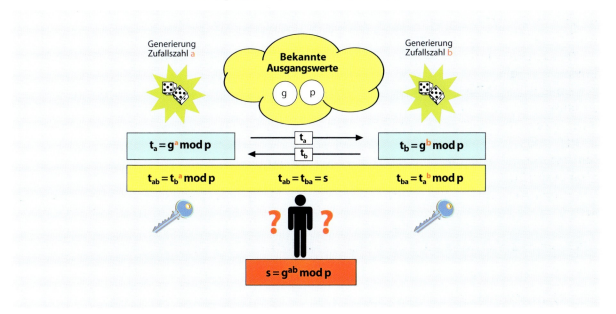

Abbildung 23: Diffie-Hellman-Algorithmus

Bei Nutzung von IKE geschieht der Aufbau der geschützten Verbindung in zwei Phasen. In Phase 1 wird ein sicherer Kanal für den IPSec-Parameteraustausch erzeugt, also eine SA für ISAKMP-Daten gebildet. In Phase 2 erfolgt die Übertragung/Aushandlung der IPSec-Parameter (Schlüssel, Transformation, SPI) und damit die Definition der SA für die Anwendungsdaten. Danach erst stehen diese Parameter für die symmetrische Verschlüsselung und/oder die Authentisierung und anschließende Übertragung der Nutzinformationen zur Verfügung. Dieses zweistufige Verfahren hat den Vorteil, dass gewünschte häufige Parameteränderungen der IPSec-SA über die schon vorhandene ISAKMP-SA schneller vorgenommen werden können.

Sicherheitsstandard IPSec

Wie aber kommen die Kommunikationspartner zu gleichen Ausgangswerten?

Für die Zahlen g und p des Diffie-Hellman-Algorithmus gibt es bekannte Wertepaare, die den vom Verfahren geforderten Bedingungen genügen.

Bei den Schlüsseln für die Authentisierung in IKE-Phase 1 wäre eine manuelle Konfiguration denkbar. Mit einem derartigen Preshared Key ist für Phase 2 sogar das gleiche symmetrische Verfahren nutzbar, mit dem später die Anwendungsdaten verschlüsselt werden, so dass auf den Systemen nicht mehrere Verschlüsselungsverfahren implementiert sein müssen. Damit ist eine automatische Änderung von IPSec-SAs möglich, wobei für den Parameteraustausch jedoch immer der gleiche Schlüssel verwendet wird. Außerdem ist diese Lösung nur für private Netze geeignet, da sie die vorherige Vereinbarung des Preshared Key voraussetzt.

Eine zweite Möglichkeit besteht in der gegenseitigen Zusendung der öffentlichen RSA-Schlüssel, wie sie bei dem für die E-Mail Verschlüsselung verbreiteten Verfahrenskonglomerat Pretty Good Privacy (PGP) üblich ist. Diese Schlüssel können dann genutzt werden, um die für die Nutzdaten (meist mit IDEA) zu verwendenden Schlüssel verschlüsselt zu übertragen. Das Verfahren ist auch im öffentlichen Netz anwendbar, hat jedoch den Nachteil, dass es in dieser Form sogenannte Man-in-the-Middle-Angriffe nicht verhindern kann (siehe Abbildung 24). Die Gefahr besteht darin, dass sich ein Angreifer schon in der Aushandlungsphase in die Verbindung eingeschaltet hat und statt des von Teilnehmer 1 gesendeten seinen eigenen öffentlichen Schlüssel weiterleitet. Da Teilnehmer 2 das nicht erkennen kann, wird er diesen Schlüssel zur Übertragung des Sitzungsschlüssels verwenden. Der Angreifer kann die Nachricht entschlüsseln, sie mit dem öffentlichen Schlüssel von Teilnehmer 1 wieder verschlüsseln und weiterleiten. Er gelangt so in den Besitz des Schlüssels, den beide Teilnehmer für die Datenübertragung verwenden wollen, ohne dass diese etwas merken. Um auch diese Art von Angriffen zu verhindern, muss sichergestellt werden, dass der Kommunikationspartner wirklich der ist, der er vorgibt zu sein, und dass der öffentliche Schlüssel tatsächlich zu diesem Teilnehmer gehört. Das kann mit dem Aufbau einer PKI-Umgebung und der damit verbundenen Einschaltung einer vertrauenswürdigen dritten Instanz in die anfängliche Schlüsselaushandlung erreicht werden.

Schlüsselverwaltung mittels PKI

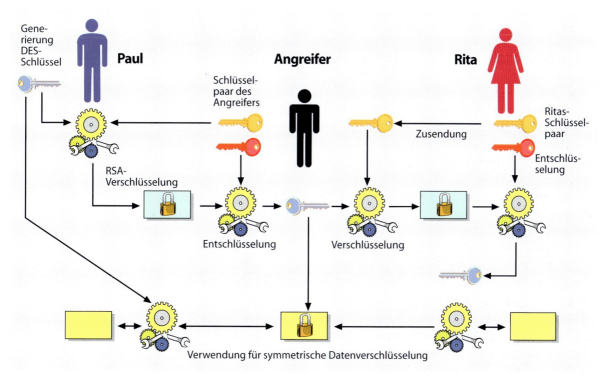

Abbildung 24: Man-in-the-Middle-Angriff

4.5 Schlüsselverwaltung mittels PKI

Der hauptsächliche Einsatzbereich einer Public Key Infrastructure (PKI) liegt in der Gewährleistung der Rechtssicherheit digitaler Signaturen. Im Zusammenhang mit VPN kann ein solches System aber auch sinnvoll zur Verwaltung öffentlicher Schlüssel der beteiligten Kommunikationspartner genutzt werden.

Eine PKI besteht im Wesentlichen aus drei Komponenten:

- Eine als Certificate Authority (CA) oder Trust Center bezeichnete Instanz prüft die Identität der Nutzer, stellt digitale Zertifikate aus und verwaltet deren Gültigkeit. Für die Registrierung und Identitätsprüfung der Benutzer gibt es gelegentlich auch eine separate Institution, die Registration Authority (RA).

Sicherheitsstandard IPSec

- Ein meist vom Trust Center betriebenes Distributionssystem gewährleistet den öffentlichen Zugriff auf die digitalen Zertifikate. Sein wichtigster Bestandteil ist ein z.B. auf LDAP oder X.500 basierendes Verzeichnis, in dem die digitalen Zertifikate hinterlegt sind.
- PKI-Clients bzw. PKI-fähige Anwendungen können die digitalen Zertifikate vom Trust Center abrufen und für die gesicherte Datenübertragung untereinander verwenden.

Unter einem digitalen Zertifikat ist dabei ein von der Zertifizierungsstelle digital signiertes Dokument zu verstehen, das das durch den öffentlichen Schlüssel repräsentierte Schlüsselpaar eines asymmetrischen Verschlüsselungsverfahrens, eindeutig einem Nutzer zuordnet. Mit X.509 ist ein Standard für ein derartiges Zertifikat verfügbar.

Es sollte folgende Mindestangaben enthalten:

- Schlüssel, Schlüssellänge und Algorithmus,
- Inhaber und Herausgeber des Zertifikats,
- Gültigkeitsperiode und Seriennummer des Zertifikats,
- Verwendungszweck und Nutzungseinschränkungen,
- Hinweise auf Widerrufslisten und Zertifikat-Policy des Herausgebers,
- Erstellungsdatum des Zertifikats und Signatur des Herausgebers.

Zur Ausstellung eines solchen Zertifikates gehört die Prüfung der Identität des Nutzers und die Generierung eines Schlüsselpaares, wobei der Nutzer sowohl eine natürliche Person als auch ein Gerät (z.B. ein Router oder VPN-Gateway) sein kann. Die Ausgangsdaten für die Generierung des Schlüsselpaares werden anschließend vernichtet. Während der Nutzer den privaten Schlüssel (z.B. in Form einer Chipkarte) ausgehändigt bekommt, wird das digitale Zertifikat mit dem öffentlichen Schlüssel in einem Verzeichnis abgelegt und für andere zugänglich gemacht. Auf diese Weise ist eine sichere Grundlage für die anfängliche Schlüsselaushandlung ohne vorherige Absprache der Kommunikationspartner gegeben. Ein Man-in-the-Middle-Angreifer kann den im digitalen Zertifikat übertragenen öffentlichen Schlüssel eines Teilnehmers nicht mehr durch sein eigenen ersetzen, weil er diese Information mit dem ihm unbekannten privaten (!) Schlüssel der CA digital signieren müsste.

Schlüsselverwaltung mittels PKI

Für einander unbekannte Kommunikationspartner bleibt letztlich nur noch die Frage nach der Vertrauenswürdigkeit der CA bzw. der gegenseitigen Anerkennung verschiedener CAs. Diese Frage ist bzw. wird für öffentliche Netze in entsprechenden gesetzlichen Vorgaben geregelt.

Allerdings kann ein PKI-System nicht nur in öffentlichen Netzen wie dem Internet verwendet werden. Für Betreiber größerer Netzwerke kann auch die Einrichtung einer privaten PKI sinnvoll sein, ermöglicht sie doch die zentrale Schlüsselverwaltung für alle verschlüsselt kommunizierenden Systeme und Anwender im Netz. Es entfällt nicht nur die Notwendigkeit der Konfiguration von Preshared Keys, sondern die Sicherheit des Gesamtsystems wird durch die mögliche zentrale Änderung auch der anfänglichen Schlüssel zusätzlich erhöht.

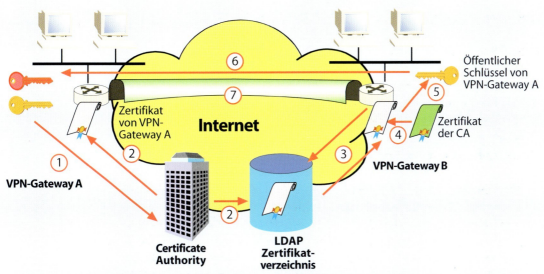

① Generierung Schlüsselpaar durch VPN-Gateway A und Zertifikatsanforderung bei CA
② Ausgabe des Zertifikats durch CA und Speicherung im LDAP-Verzeichnis
③ Zertifikatsanfrage durch VPN-Gateway B/Mitteilung durch LDAP-Verzeichnis
④ Zertifikatsprüfung
⑤ Nutzung des öffentlichen Schlüssels von VPN-Gateway A für ISAKMP-SA
⑥ ISAKMP-SA (asymmetrische Ver-/Entschlüsselung)
⑦ Aufbau IPSec-SA und Tunnel für symmetrisch verschlüsselte Datenübertragung

Abbildung 25: Nutzung einer PKI durch VPN-Router (vereinfacht, nur eine Richtung)

Sicherheitsstandard IPSec

Abbildung 25 zeigt die Verwendung einer PKI für die Schlüsselaushandlung zwischen den Geräten eines VPN. Voraussetzung ist, dass die Geräte (VPN-Router oder -Gateways) mit dem PKI-Verzeichnisdienst kommunizieren können, um das digitale Zertifikat des Verbindungspartners abzurufen und dessen öffentlichen Schlüssel zur Nutzung in IKE auszulesen. Da PKIs hierfür spezielle Anfrageprotokolle (Certificate Request Protocols, z.B. PKCS#7, PKCS#10) verwenden, bieten manche Hersteller von VPN-Routern und Gateways zusätzliche Softwaretools als Schnittstelle ihrer Geräte zum PKI-System. Wünschenswert ist in dieser Anwendung auch die oft noch fehlende Möglichkeit, den privaten Schlüssel des jeweiligen VPN-Routers über einen entsprechenden Chipkartenleser eingeben zu können.

4.6 Die Anwendung von IPSec für VPN

Wie bereits gesagt, ist wirkliche Sicherheit nur als Gesamtkonzept realisierbar. Die besten technischen Maßnahmen sind nutzlos, wenn Mitarbeiter eines Unternehmens bestechlich sind oder fahrlässig mit Passwörtern, Schlüsseln oder gar den eigentlich geheimen Daten umgehen. Beschränkt man sich jedoch auf die Sicherheit der Datenübertragung in öffentlichen Netzen, so ist festzustellen, dass diese bei richtiger Anwendung der heute verfügbaren Authentisierungs- und Verschlüsselungsverfahren durchaus höchsten Ansprüchen genügen kann.

Um die in den vorigen Abschnitten dargestellten Sicherheitsmechanismen des Systems IPSec in VPN-Lösungen anzuwenden, muss man sich für einen von zwei grundsätzlich unterschiedlichen Lösungswegen entscheiden:

1. Die VPN-Verbindungen können (wie im Abschnitt 4.1 dargestellt) unter Nutzung des IPSec Tunnel Mode hergestellt werden. Diese Möglichkeit wurde bisher vorwiegend in Site-to-Site-Anwendungen genutzt, wird aber mit zunehmender Leistungsfähigkeit der PCs und der Verfügbarkeit geeigneter Client-Software auch für RAS-Lösungen interessant.

Vorteile:

- Tunneling und Sicherheitsfunktionen (Authentisierung, Verschlüsselung) sind integraler Bestandteil des Protokolls. Auf den VPN-Systemen braucht nur dieses eine Protokoll (IPSec Tunnel Mode) verfügbar zu sein. Probleme aus der Kombination unterschiedlicher Protokollstacks sind weitgehend ausgeschlossen.

Die Anwendung von IPSec für VPN

- Da alle Funktionen in einem Protokoll enthalten sind, ist die Prozessorlast auf den VPN-Systemen insgesamt geringer als bei Variante 2.
- IPSec Tunnel Mode erlaubt Point-to-Multipoint-Konfigurationen, was insbesondere für LAN-zu-LAN-Kopplungen über VPN-Router (Geschäftsstellenanbindung) interessant ist.
- Auf die Verwendung von AH kann verzichtet werden, weil das ganze Anwendungspaket (inkl. IP-Header) eingepackt wird und mit ESP nicht nur verschlüsselt sondern auch authentisiert werden kann.
- Der für Tunneling und Sicherheit in Kauf zu nehmende Paket-Overhead ist geringer als bei der zweiten Variante.

Nachteile:

- IPSec Tunnel Mode ist auf die Übertragung von IP als Anwendungsprotokoll beschränkt.
- Bei RAS-Lösungen ist als Voraussetzung für das Tunneling auf den remoten PCs selbst dann eine geeignete IPSec-Software erforderlich, wenn keine Verschlüsselung erfolgen soll. Der IPSec-Client auf dem PC ist in der Regel eine separate Software des Lösungsanbieters, die (unterschiedlichen) Aufwand für Installation und Betreuung erfordert.
- Da mit IPSec Tunnel Mode keine Ebene-2-Informationen übertragen werden, ist die Nutzung auf PPP basierender Authentisierungsprotokolle ausgeschlossen. Aus gleichem Grund kann zu einem IPSec Tunnel keine Bandbreite (z.B. über ISDN) hinzugewählt werden, weil Multilink PPP als Protokoll zur Kanalbündelung nicht nutzbar ist.
- Zur Datenkompression ist nur das IP Payload Compression Protocol (IPPCP) nutzbar, wenn es von beiden Tunnel-Endpunkten unterstützt wird.
- Tunnel-Switching (siehe Abschnitt 5.6) funktioniert für IPSec Tunnel Mode prinzipiell nicht.

2. Wenn das Tunneling mit einem der in Kapitel 2 beschriebenen Protokolle (PPTP oder L2TP) erfolgt, können die daraus resultierenden IP-Pakete für den Transport über das Trägernetz mit IPSec Transport Mode gesichert werden. Diese Kombination zweier eigentlich voneinander unabhängigen Verfahren führt zu einem Paketaufbau entsprechend Abbildung 26. Auch hier kann wahlweise nur AH oder nur ESP verwendet werden. Die Kombination von IPSec Transport Mode mit L2TP ist bei Windows2000 standardmäßig unterstützt.

Sicherheitsstandard IPSec

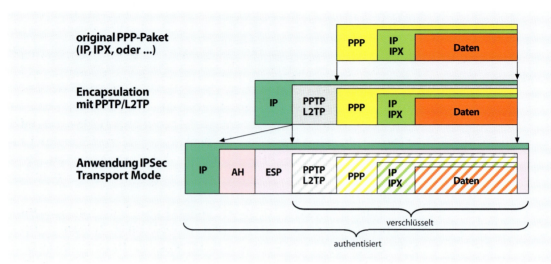

Abbildung 26: Paketaufbau bei der Kombination von PPTP/L2TP mit IPSec

Vorteile:

- Durch die Kombination mit PPTP/L2TP kann mit dem für IP definierten System IPSec jedes beliebige Anwendungsprotokoll authentisiert und verschlüsselt werden, welches mit PPP übertragbar ist und von Tunnel-Start- und Tunnel-Endpunkt unterstützt wird.
- PPP-basierte Authentisierungsverfahren (siehe Abschnitt 3.2) sind verwendbar. Diese Verfahren sind langjährig ausgereift und bieten interessante Möglichkeiten, die für die VPN-Gesamtlösung wichtig sein können (z.B. Parameterzuweisung über Radius und IPCP).
- Multilink PPP kann genutzt werden, um den VPN-Tunnel mit anderen PPP-Kanälen (z.B. ISDN-Wählverbindung) zu bündeln. Dadurch stehen klassische Router-Funktionen für Wähl-Backup und bedarfsabhängige Bandbreitensteuerung (Bandwidth-on-Demand) zur Verfügung.
- Sofern die Implementierung des jeweiligen Herstellers es zulässt, kann wahlweise IPPCP oder PPP-basierte Datenkompression für den VPN-Tunnel aktiviert werden.
- Tunnel-Switching (siehe Abschnitt 5.6) ist einsetzbar, wenn es vom Hersteller unterstützt wird.

Die Anwendung von IPSec für VPN

Nachteile:

- Die zum Aufbau des VPN verwendeten Systeme müssen sowohl PPTP/L2TP als auch IPSec Transport Mode und die Kombination beider Protokolle unterstützen. Dies ist bei Routern und Gateways nicht immer gegeben, weil der Standard für deren Einsatz als Security Gateway nur die Unterstützung des IPSec Tunnel Mode zwingend vorschreibt. Eine Verteilung der Funktionen auf zwei Systeme ist nicht möglich, denn IPSec Transport Mode kann nur auf IP-Pakete angewendet werden, die von dem System generiert bzw. empfangen werden.
- Bei RAS-Lösungen kann für das Tunneling zwar Microsoft Standard Software auf den remoten PCs eingesetzt werden (Windows-System vorausgesetzt), IPSec muss aber als separate Software installiert werden. Einzige Ausnahme ist Windows2000 sofern die in diesem Betriebssystem enthaltenen IPSec-Funktionen den Anforderungen genügen. Andererseits ist bei Nicht-Windows-Systemen eine weitere Software (sofern überhaupt verfügbar) für PPTP bzw. L2TP zu installieren. Probleme bei der Kombination der Protokollstacks sind daher nicht auszuschließen.
- Da in den VPN-Systemen zwei voneinander unabhängige Protokolle aktiv sein müssen, ist die Prozessorlast entsprechend höher als bei Variante 1.
- Der insgesamt entstehende Paket-Overhead ist größer als bei Variante 1.

Dabei kann mit beiden Varianten der gleiche Grad an Sicherheit erreicht werden. Theoretisch sind alle in den vorigen Abschnitten erläuterten Möglichkeiten von IPSec (ESP, AH, IKE, PKI) in beiden Fällen nutzbar. Beschränkungen ergeben sich allenfalls aus den Implementierungen in den Produkten der verschiedenen Hersteller.

Tabelle 6 gibt einen Überblick.

Sicherheitsstandard IPSec

	Transp. Mode + L2TP/PPTP	Tunnel Mode (max. Tunnelzahl)	IKE	PKI
Windows95	--- *	--- *	--- *	--- *
Windows98	--- *	--- *	--- *	--- *
WindowsNT 4.0 Workstation	--- *	--- *	--- *	--- *
WindowsNT 4.0 Server	--- *	--- *	--- *	--- *
Windows2000 Professional	X	--- *	X	--- *
Windows2000 Server	X	X (kein RAS)	X	--- *
3Com Enterprise Router	X	X (256)	X	---
3Com Access Concentrator	X	X (4096)	X	---
Check Point VPN-Gateway	---	X	X	X
Cisco VPN Router	X (nur L2TP)	X (2000)	X	X *
Cisco Firewall	---	X	X	X
Lucent Access Router	X (nur L2TP)	X (4000)	X	X
Nortel Backbone Router	---	X	X	---
Nortel Extranet Switch	---	X (5000)	X	X

* nur mit zusätzlicher Software

Tabelle 6: IPSec-Support ausgewählter Produkte (Herstellerangaben, Stand 09/2000)

Eine dritte, allerdings eher theoretische Möglichkeit ist die Anwendung des IPSec Tunnel Mode auf PPTP- oder L2TP-Verbindungen. Sie bringt gegenüber Variante 2 keine zusätzliche Sicherheit oder Funktionalität. Der einzige Vorteil liegt in der Möglichkeit, Tunnel-Funktion und IPSec (inkl. nochmaligen Tunnelings) auf zwei Geräte zu verteilen. Weil mit dieser Kombination jedoch bereits eingepackte Pakete nochmals eingepackt werden, entsteht ein unvertretbar hoher Overhead. Dies ist daher grundsätzlich nicht empfehlenswert.

5 Lösungsbeispiele für Virtuelle Private Netze

In der Praxis ist eine VPN-Lösung dadurch gekennzeichnet, dass unterschiedliche Geräte, Protokolle und Verfahren unter ganz bestimmten Design-Aspekten kombiniert werden. Die bisherigen theoretischen Erläuterungen lassen ahnen, wie vielfältig diese Kombinationen sein können. In der Regel ergeben sich aus der Aufgabenstellung die grundsätzliche Anwendungsvariante (Client-zu LAN oder LAN-zu-LAN) und weitere Einzelheiten (z.B. das in Frage kommende Tunnel-Protokoll). Andere Bestandteile einer Lösung (Authentisierungsverfahren und -system, Art der Verschlüsselung, Schlüsselmanagement, Einbindung in Firewall-System) können jedoch oft optional gestaltet werden, wobei jede Variante ihre Vor- und Nachteile hat.

Im Folgenden sollen anhand praktischer Beispiele einige typische Anwendungsfälle beschrieben und die Besonderheiten der Lösungen erläutert werden. Außerdem werden in diesem Zusammenhang häufig gestellte Fragen diskutiert, die in der Systematik der vorigen Kapitel keinen Platz fanden.

5.1 Geschäftsstellenanbindung mit PPTP/L2TP

Angenommene Aufgabenstellung

Ein mittelständisches Unternehmen will mehrere Geschäftsstellen deutschlandweit an die Hauptverwaltung anbinden. Die im Einsatz befindlichen Anwendungen erfordern die Übertragung von IP und AppleTalk und eine minimale Bandbreite von 256 KBit/s pro Geschäftsstelle. Außerdem wird ein Wähl-Backup für die Verbindungen gefordert. Die Anmietung von 2-MBit/s-Standleitungen oder Bündel von 64-KBit/s-Festverbindungen kommt aus Kostengründen nicht in Betracht. Sicherheitsrelevante Daten sollen erst zu einem späteren Zeitpunkt über das Netz übertragen werden.

Lösungsvorschlag

Das Unternehmen mietet für die Zentrale und alle Geschäftsstellen Netzzugänge eines ISP mit fest eingestellten IP-Adressen zu einem vom Übertragungsvolumen unabhängigen Festpreis (Flat Rate). Der ISP liefert diese

Lösungsbeispiele für VPN

Anschlüsse einschließlich Access-Router mit einer LAN-Schnitte zum Kundennetz. Mit dem ISP wird außerdem die Bereitstellung der minimal erforderlichen Übertragungsbandbreite zwischen den Anschlusspunkten vertraglich vereinbart.

Zwischen dem LAN-Port des Access-Routers und dem eigenen lokalen Netz installiert das Unternehmen an allen Lokationen einen VPN-Router, der zusätzlich mit (mindestens) einem ISDN-Anschluss ausgestattet ist. Die benötigten WAN-Verbindungen werden als L2TP-Tunnel zwischen den VPN-Routern konfiguriert (siehe Abbildung 27). Falls die eingesetzten Geräte L2TP nicht unterstützen, kann PPTP genauso gut verwendet werden.

Im Normalfall werden alle Anwendungsdaten über die Tunnel-Verbindungen wie über normale Standleitungen geroutet. Als Routing-Protokoll für IP wird sowohl in den lokalen Netzen als auch über die Tunnel-Verbindungen hinweg RIP oder OSPF eingesetzt. Bei Ausfall eines Tunnels können die Router eine ISDN-Wählverbindung mit einem oder mehreren B-Kanälen als Backup aufbauen.

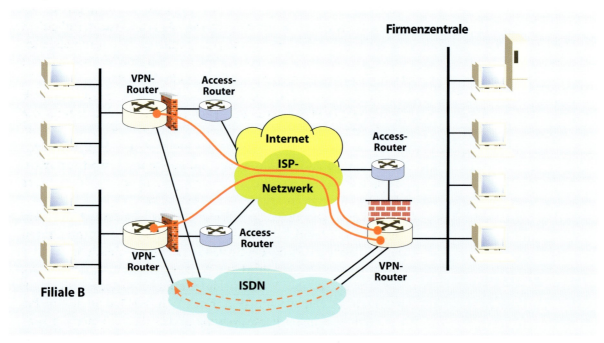

Abbildung 27: Lösungsbeispiel: Geschäftsstellenanbindung mit L2TP

Geschäftsstellenanbindung mit PPTP/L2TP

Firewall-Filter in den VPN-Routern stellen sicher, dass alle ISP /Internet-Zugänge ausschließlich für die gewünschten-Tunnel Verbindungen genutzt werden können. Sobald entsprechende Sicherheitsforderungen entstehen, können außerdem alle über den Tunnel übertragenen Anwendungsdaten mit IPSec Transport Mode verschlüsselt werden.

Besonderheiten der Lösung:

- Durch die Verwendung von L2TP bzw. PPTP als Tunnel-Protokoll ist die Multiprotokoll-Fähigkeit der VPN-Verbindungen gewährleistet. Natürlich müssen die eingesetzten VPN-Router alle Anwendungsprotokolle routen können. Die Access-Router und das gesamte ISP-Netz müssen demgegenüber nur IP routen und brauchen nicht einmal das Tunnel-Protokoll zu erkennen.
- Auch das Bridging eines oder mehrerer Protokolle über die Tunnel-Verbindungen ist denkbar. Hierbei ist jedoch in mehrfacher Hinsicht Vorsicht geboten. Durch Bridging wird oftmals ein großer Teil der verfügbaren Bandbreite für Broadcasts beansprucht. Außerdem stellen die bei VPN-Verbindungen möglichen Verzögerungszeiten und der Paketempfang in veränderter Reihenfolge für manche nichtroutbare Protokolle ein unlösbares Problem dar.
- Die für die Tunnel minimal verfügbaren Bandbreiten und eventuell auch maximale Verzögerungszeiten müssen auf der Basis des Service Level Agreement (SLA) durch den ISP garantiert werden. Er muss dazu innerhalb seines Netzes entsprechende Protokolle bzw. Verfahren verfügbar haben. Internetweit sind diese noch nicht verfügbar, weshalb der Anschluss aller Unternehmenstandorte an das Netz des gleichen ISP Voraussetzung für die Lösung ist.
- Da es sich bei den Preisen um Pauschalen für lokale Anschlüsse zum Netz des ISP handelt, sind die Kosten für die VPN-Verbindungen deutlich geringer als bei deutschlandweiten Festverbindungen.
- Auch wenn im Unterschied zur vorgestellten Lösung der Zugang zum Trägernetz über Wählanschlüsse erfolgen sollte, muss der ISP trotzdem fest eingestellte IP-Adressen zur Verfügung stellen. Bei einer dynamischen Adresszuweisung mittels IPCP können die Tunnel-Verbindungen nicht konfiguriert werden, weil die Zieladresse unbekannt ist und sich ständig ändert.

Lösungsbeispiele für VPN

- Die für Wähl-Backup installierten ISDN-Anschlüsse können optional auch zum Abfangen von Lastspitzen genutzt werden, wenn die eingesetzten Router das lastabhängige Hinzuwählen von Bandbreite unterstützen (Bandwidth-on-Demand). In dem Fall wird Multilink-PPP zur Bündelung der Bandbreiten von ISDN- und Tunnel-Verbindung verwendet.
- Damit (später) protokollunabhängig alle über die Tunnel transportierten Pakete gesichert werden können, müssen die VPN-Router IPSec Transport Mode mit den gewünschten Verschlüsselungs- und Authentisierungsverfahren unterstützen.

Zusatzinformationen

Bei der vorgestellten Lösung ist auf das IP-Routing im privaten Netz und zum/vom Trägernetz besonderes Augenmerk zu legen. Da in den VPN-Routern in aller Regel nur ein Routing-Prozess arbeitet und nur eine Routingtabelle existiert, treffen an dieser Stelle die IP-Adressen des privaten und des öffentlichen Netzes zusammen. Dies führt dann zu Problemen, wenn ein dynamisches Routing-Protokoll eingesetzt wird und einer der VPN-Router aufgrund gelernter Route-Informationen versucht, den anderen Tunnel-Endpunkt über den Tunnel zu erreichen. In dem Fall werden die sendefertigen Pakete in den Tunnel geleitet, was nichts anderes bedeutet als dass sie abermals in IP eingepackt und zwecks Absendung an den Tunnel-Endpunkt zum Routing-Prozess zurückgegeben werden. Den Router verlassen auf diese Weise keine Tunnel-Pakete mehr, so dass der Tunnel wegen Timeout der Steuersession zusammenbricht. Da jedoch mit dem Zusammenbruch des Tunnels auch die gelernte Route-Information aus der Routingtabelle verschwindet, kann der andere Tunnel-Endpunkt wieder über das Trägernetz erreicht werden. Der Tunnel wird also wieder aufgebaut, die Route-Information wird neuerlich gelernt und das ganze Spiel geht von vorne los.

Das Problem existiert allerdings nur für IP und kann durch die Berücksichtigung einiger Design-Regeln verhindert werden:

- In Richtung Trägernetz (Internet) sollte grundsätzlich nur mit statischem Routing, im einfachsten Fall mit einer statischen Default-Route, gearbeitet werden.

- Seine Interface-Adresse auf dem Trägernetz darf keiner der VPN-Router im privaten Netz mitteilen (advertisen), insbesondere nicht über die Tunnel hinweg. Im Falle von OSPF reicht es dazu, das Routing-Protokoll auf dem öffentlichen Interface auszuschalten. Bei Verwendung von RIP müssen spezielle Advertise Policies konfiguriert werden, weil RIP lokal angeschlossene Netze standardmäßig auch dann advertised, wenn es auf dem Interface nicht aktiv ist.
- Damit eine „Verwechslung" der Netzadressen von Tunnel-Endpunkten und privaten Netzen durch die VPN-Router ausgeschlossen ist, sollte es im privaten und im Trägernetz keine überlappenden Adressbereiche geben. Am einfachsten kann dies erreicht werden, wenn im Trägernetz offizielle, im privaten Netz jedoch private IP-Adressen verwendet werden (oder umgekehrt).

Eine andere Lösung des Problems wäre die Implementierung mehrerer unabhängiger Routing-Prozesse (virtuelle Router) im VPN-Router. Das ist jedoch sehr aufwendig und speicherintensiv und kommt daher bestenfalls für große Carrier-Switches in Frage.

5.2 LAN-zu-LAN-Verbindung mit IPSec Tunnel

Angenommene Aufgabenstellung

Zwei Konzerne wollen auf internationaler Ebene fusionieren. Für die erste gemeinsame Produktentwicklung ist die Zusammenarbeit einer europäischen und einer amerikanischen Entwicklungsabteilung vorgesehen. Da die Konzernnetze noch nicht direkt verbunden sind, müssen die LANs der beiden Entwicklungsteams kurzfristig über Wählanschlüsse und/oder öffentliche Netze gekoppelt werden. Diese Verbindung wird nur mit IP für regelmäßigen Datenaustausch genutzt, muss aber aus Geheimhaltungsgründen höchsten Sicherheitsansprüchen genügen.

Lösungsvorschlag

Am Internet-Zugang beider Konzernnetze wird parallel zum vorhandenen Firewall-System ein VPN-Gateway installiert, welches an seinem öffentlichen Interface aufgrund entsprechender Filter nur die gewünschten Tunnel-Pakete

Lösungsbeispiele für VPN

empfängt bzw. sendet. Zwischen den beiden Gateways wird mittels IPSec Tunnel Mode eine VPN-Verbindung eingerichtet (siehe Abbildung 28). Die übertragenen Pakete werden unter ausschließlicher Nutzung von ESP mit 3DES verschlüsselt und mit SHA-1 authentisiert. Zur dynamischen Aushandlung der IPSec-Parameter, insbesondere der Schlüssel, wird ein Preshared Key für das IKE-Protokoll konfiguriert. Die Neuaushandlung soll dabei in Abhängigkeit von der übertragenen Datenmenge in relativ kurzen Zeitabständen erfolgen.

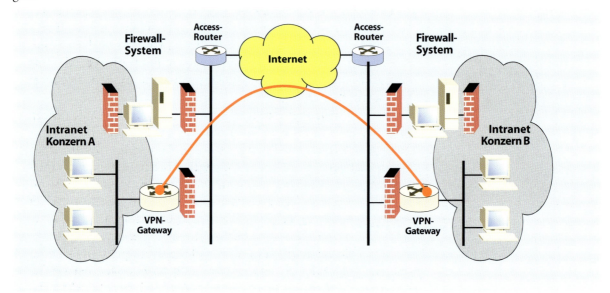

Abbildung 28: Lösungsbeispiel Netzverbindung mit IPSec Tunnel

Das private Interface des VPN-Gateways wird jeweils an das LAN der Entwicklungsabteilung angeschlossen. Über statische Routing-Einträge und entsprechende IPSec-Policies wird festgelegt, welche Geräte und Teilnetze über den IPSec Tunnel miteinander kommunizieren können und dürfen.

Besonderheiten der Lösung:

- Die vorgestellte VPN-Lösung ist auf IP als Anwendungsprotokoll beschränkt. Da weitere Protokolle jedoch nicht gefordert waren, wurde mit dem IPSec Tunnel Mode die effektivste Variante hinsichtlich Paket-Overhead und Verarbeitungsleistung gewählt.

LAN-zu-LAN-Verbindung mit IPSec Tunnel

- Andererseits schließt der Verzicht auf die Übertragung von PPP-Informationen die Verwendung von Multilink PPP zum Hinzuwählen von Bandbreite und Bündeln mit dem Tunnel aus. Da nicht davon auszugehen ist, dass beide Konzerne über den gleichen ISP an das Internet angebunden sind, kann für die Übertragung zwischen den VPN-Gateways keine bestimmte Bandbreite garantiert werden. Mehrere ISPs in einen entsprechenden Vertrag einbeziehen zu wollen, ist in der Regel aussichtslos.
- Um die verfügbare Bandbreite so effektiv wie möglich zu nutzen, kann für die Tunnel-Verbindung Datenkompression mit IPPCP konfiguriert werden. Dabei ist darauf zu achten, dass die Datenkompression vor der IPSec-Verschlüsselung erfolgt, da verschlüsselte Daten wegen ihrer scheinbar zufälligen Struktur grundsätzlich nicht komprimierbar sind.
- Den hohen Sicherheitsansprüchen für die Übertragung der Daten über das öffentliche Netz wird mit der Wahl starker Verschlüsselungs- und Authentisierungsverfahren und einer dynamischen Schlüsseländerung in kurzen, unregelmäßigen (volumenabhängigen!) Zeitabständen entsprochen. Durch den Verzicht auf AH entsteht in diesem Fall keine Sicherheitslücke, weil die IP-Pakete der Anwendung durch den Tunnel Mode eingepackt werden und daher auch mit ESP vollständig authentisiert werden können.
- Trotz Parallelschaltung des VPN-Gateways zum Firewall-System entsteht keine Möglichkeit zur Umgehung der Firewall, weil das Gateway nur Tunnel-Pakete akzeptiert und keine Daten zwischen privatem und öffentlichen Netz routet.
- Zusätzlich zur Lösungbeschreibung kann Network Address Translation (NAT) auf dem privaten Interface eines der VPN Gateways aktiviert werden, falls es wegen unterschiedlicher Adressierungskonzepte Probleme mit sich überlappenden Adressbereichen beider Konzern-Intranets gibt.

Zusatzinformationen

Bei der kombinierten Verwendung von NAT und IPSec ist stets besondere Vorsicht geboten. In der vorgestellten Lösung arbeitet NAT auf dem privaten Interface und daher vor der Anwendung des IPSec Tunnel Mode. Dies funktioniert problemlos. Soll NAT jedoch, wie bei ISP-Anschlüssen verbreitet, auf dem öffentlichen Interface aktiviert werden, so ist IPSec darüber nur einge-

Lösungsbeispiele für VPN

schränkt nutzbar. Da NAT den IP-Header verändert, müssen – sofern keine speziellen Verfahren implementiert sind – alle IPSec-Authentisierungsverfahren fehlschlagen, die den IP-Header einschließen. In der Regel kann IPSec unter diesen Umständen also nur mit ESP verwendet werden, so dass eine vollständige Authentisierung im Transport Mode nicht mehr möglich ist.

Die Kombination von Protocol Address Translation (PAT) mit IPSec ist, von speziellen Implementierungen abgesehen, vollständig ausgeschlossen, weil PAT auf der Änderung der TCP- oder UDP-Portnummer beruht, die es im Falle von IPSec in dem IP folgenden Header nicht gibt.

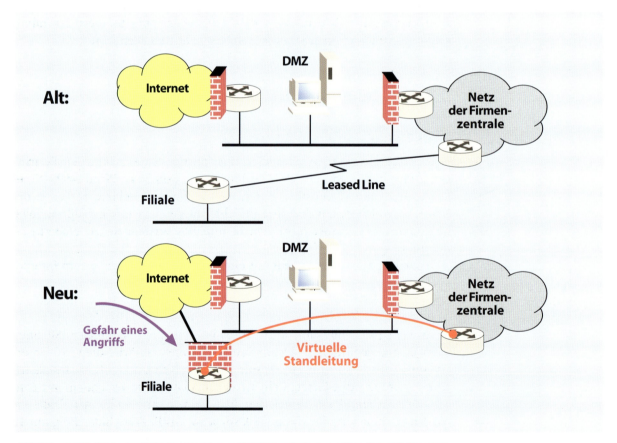

Abbildung 29: Notwendigkeit von Firewall-Filtern bei virtuellen Standleitungen

Ein weiteres Thema bei der vorgestellten Lösung ist die schon im Abschnitt 5.1 erwähnte Verwendung von Firewall-Funktionen bzw. Paketfiltern am öffentlichen Interface des VPN-Routers oder Gateways. Abbildung 29 veranschaulicht, warum dies bei LAN-zu-LAN-Lösungen notwendig ist. Die VPN-Verbindung soll als virtuelle Standleitung eine echte Leitung ersetzen. Anders als bei einem klassischen WAN ist dazu an allen Standorten ein Zugang zum Trägernetz (Internet) erforderlich. Dieser ist auch dann für Angriffe aus dem Internet offen, wenn der darüber geführte Tunnel verschlüsselt und authentisiert wird. Mit geeigneten Filtern muss deshalb sichergestellt werden, dass von diesem Interface ausschließlich die Tunnel-Pakete durchgelassen werden. Die mögliche Nutzung des Interface für den Internet-Zugang der Filialmitarbeiter ist demgegenüber eher unüblich, da sie eine Umgehung des meist zentral installierten und administrierten Firewall-Systems darstellen würde.

5.3 Weltweiter Remote Access

Angenommene Aufgabenstellung

Ein Nachrichtenmagazin schickt seine Journalisten zur aktuellen Berichterstattung in die ganze Welt. Die Journalisten sind mit Windows95-Notebooks ausgestattet. Sie sollen durch remote Einwahl mehrere Server in der Zentrale erreichen, um dort ihre Berichte ablegen und ihre E-Mails abholen zu können. Als Protokolle werden IP und IPX verwendet. Die Sicherheitsanforderungen sind gering.

In der Zentrale ist bereits ein mit Firewall gesicherter Zugang zum Internet vorhanden.

Lösungsvorschlag

Der Verlag kauft für seine Journalisten bei einem internationalen ISP einen weltweit gültigen Internet-Account. Auf den Notebooks wird die VPN-Unterstützung von Microsoft (Microsoft Dial-Up Networking 1.3c) installiert. Damit steht auf den Geräten ein virtueller Adapter zur Verfügung, mit dem die Nutzer einen PPTP-Tunnel über das Internet aufbauen können. Die Tunnel-Verbindung wird für IP und IPX sowie für MPPE-Verschlüsselung mit 40 Bit konfiguriert. Zugang zum Internet erhalten die Journalisten über eine analoge Modem-Wählverbindung zum jeweils nächstgelegenen Einwahlpunkt des ISP.

Lösungsbeispiele für VPN

In der Verlagszentrale wird hinter der Firewall ein VPN-Gateway installiert, das die Tunnel der remoten Nutzer terminiert (siehe Abbildung 30). Es soll PPTP, MPPE sowie IP- und IPX-Routing unterstützen und eine Radius-Client-Funktion implementiert haben. Unabhängig vom Adressierungskonzept des Verlags muss das VPN-Gateway vom Internet aus über eine offizielle IP-Adresse erreichbar sein. Die Firewall wird so konfiguriert, dass sie GRE-Pakete (IP-Type 47) und TCP-Pakete mit Port 1701 zu und von dieser IP-Adresse durchlässt. Die IP-Adresse des zweiten Kommunikationspartners (Tunnel-Ende auf dem remoten PC) kann nicht spezifiziert werden, da diese im Moment der Internet-Einwahl durch den ISP zugewiesen wird und jedesmal eine andere ist. Also wird jeder PPTP-Tunnel-Aufbau zur Adresse des VPN-Gateways zunächst einmal durchgelassen. Weitere Sicherheitsmaßnahmen greifen jedoch auf dem VPN-Gateway indem dieses die remoten Nutzer anhand von Name und Passwort authentisiert. Die Prüfung erfolgt durch Anfrage an einen Radius-Server, welcher als Proxy an der NDS-Domäne des Verlags eingerichtet ist. Dadurch können sich die Journalisten gleichzeitig mit ihrem Novell-Passwort authentisieren und automatisch im Novell-Netz anmelden.

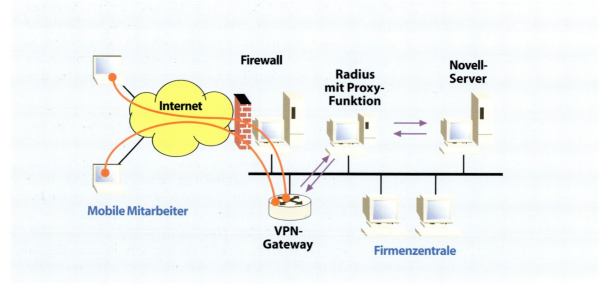

Abbildung 30: Lösungsbeispiel: Weltweiter Remote Access

Besonderheiten der Lösung:

- Die VPN-Lösung ist sehr kostengünstig, weil die Journalisten anstelle von Modem-Verbindungen nach Deutschland nur eine lokale Verbindung zum nächstgelegenen Einwahlpunkt des ISP benötigen.
- Auf den Notebooks kommt Standard-Software von Microsoft zum Einsatz, welche keinen besonderen Aufwand für Installation und Betreuung erfordert.
- Da der Internet-Zugang für den Transport der PPTP-Pakete genutzt werden soll, muss der ISP einen transparenten IP-Dienst zur Verfügung stellen. Ein Internet-Account, der eine spezielle Client-Software auf dem PC benötigt, ist für diese Anwendung ungeeignet. Andererseits muss der ISP in der vorliegenden Anwendung nicht wissen, wofür der Zugang genutzt werden soll. Den Journalisten ist es also möglich, den Internet Account auch für andere Zwecke als die PPTP-Verbindung zum Verlag zu verwenden.
- Weil 40-Bit-Verschlüsselungstechnik beliebig exportiert und importiert werden kann, entstehen durch das weltweite Herumreisen der Journalisten keine Probleme bezüglich des Exports und/oder Imports von Verschlüsselungssoftware. Wäre auf den Notebooks ein Verschlüsselungsverfahren mit größerer Schlüssellänge installiert, so könnte abhängig von der aktuellen Rechtslage die Einreise in bestimmte Länder ein Verstoß gegen bestehende Vorschriften darstellen.
- Andererseits ist die Verwendung von 40-Bit-Verschlüsselung mehr als moralische Hemmschwelle für Gelegenheitshacker denn als echter Schutz gegen gezieltes Ausspionieren anzusehen.
- Unter der Annahme, dass den Journalisten zur Einwahl in das Internet vielerorts nur Modem-Verbindungen mit maximal 28,8 KBit/s zur Verfügung stehen, ist für die VPN-Verbindungen keine sonderlich hohe Arbeitsgeschwindigkeit zu erwarten. Einerseits gibt es in der beschriebenen Lösung keine Bandbreitengarantie für den Pakettransport über das Internet, andererseits wird mit IPX ein Protokoll verwendet, das für langsame WAN-Verbindungen schlecht geeignet ist.

Lösungsbeispiele für VPN

Zusatzinformationen

Die Einrichtung der VPN-Verbindung auf den Windows95-PC erfordert nur wenige Schritte (siehe Abbildung 31):

- Nach der Installation der VPN-Software von Microsoft (Dial Up Networking 1.3c) erscheinen in der Systemkonfiguration zwei zusätzliche virtuelle Netzwerkadapter, welche die beiden aufeinander aufsetzenden Hälften des PPTP-Protokollstacks repräsentieren.

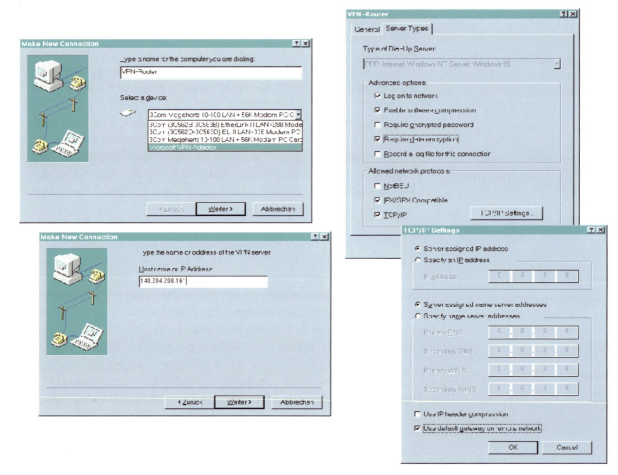

Abbildung 31: Einrichten einer PPTP-Verbindung unter Windows95

- Bei der Installation wird die Windows95 System-CD benötigt und es ist ein zweimaliger Neustart des PCs erforderlich. Man sollte außerdem darauf achten, dass der TCP/IP-Protokollstack nicht schon an mehr als drei andere Adapter gebunden ist. Andernfalls würde die Installation fehlschlagen, da unter Windows95 nur maximal vier IP-Protokollstacks unterstützt sind.
- Die VPN-Verbindung wird wie eine neue Wählverbindung eingerichtet. Dabei wird anstelle eines Modems der „Microsoft VPN-Adapter" gewählt und anstelle einer Telefonnummer die IP-Adresse des VPN-Servers (Tunnel Terminator) eingegeben. Anschließend werden die Eigenschaften der neu eingerichteten Wählverbindung konfiguriert. Im vorliegenden Beispiel werden die Protokolle IPX/SPX und TCP/IP ausgewählt. Mit „Require Data Encryption" wird MPPE aktiviert. Durch „Log on to network" wird das für die Einwahl zum Tunnel Terminator verwendete Paar aus Nutzername und Passwort zugleich zur Anmeldung im Novell-Netz genutzt. Die IP-Einstellungen werden so vorgenommen, dass der PC die auf der VPN-Verbindung zu verwendenden Parameter vom Tunnel-Terminator erhält, und dass er nach Aufbau der VPN-Verbindung alle IP-Daten über den Tunnel schickt („Use default gateway on remote network").

Zum Aufbau der VPN-Verbindung müssen die Journalisten zunächst die physikalische Verbindung zum Trägernetz (Internet) durch Modem-Einwahl beim ISP herstellen. Erst danach kann in einem zweiten Wählvorgang der VPN-Tunnel zum Verlag aufgebaut werden (siehe Abbildung 32). Der Aufwand für diesen doppelten Wählvorgang kann für den Nutzer reduziert werden, wenn die Wählverbindung zum ISP als Standard-Netzwerkverbindung definiert wird. Dann bietet Windows die (Wieder-)herstellung dieser Verbindung automatisch an, wenn der VPN-Tunnel aufgebaut werden soll. Das Problem liegt jedoch in den Parametern der Modem-Wählverbindung (z.B. Rufnummer des ISP), welche sich üblicherweise von Lokation zu Lokation ändern.

Nicht erfüllbar und auch nicht sinnvoll ist der gelegentlich für diese Anwendung geäußerte Wunsch nach einer Rückruffunktion (Callback) wie sie bei klassischem Remote Access verbreitet ist.

Lösungsbeispiele für VPN

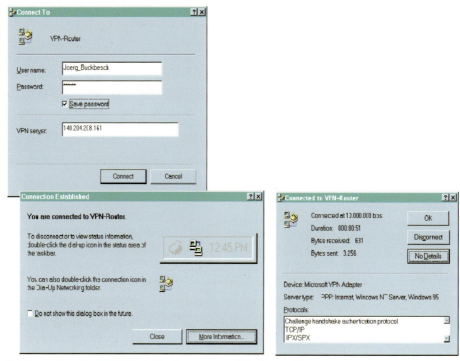

Abbildung 32: Herstellen der PPTP-Verbindung unter Windows95

Hierfür gibt es mehrere Gründe:

- An den Einwahlpunkten hält jeder ISP begrenzte Pools von IP-Adressen bereit, die dem Nutzer dynamisch zugewiesen werden. Wenn der Nutzer nach Verbindungsabbau mit einem VPN-Tunnel wieder erreicht werden soll, dann müsste ihm die vorher zugewiesene IP-Adresse reserviert werden, was praktisch eine Blockierung dieser Adresse bedeutet. Aus diesem Grund bieten nur sehr wenige ISPs überhaupt eine Dial-Out-Funktion vom Einwahlknoten zum Client und auch das nur unter speziellen vertraglichen Bedingungen.
- Die Tunnel-Protokolle PPTP und L2TP enthalten keinerlei Callback-Funktionalität. Selbst wenn dies in den Standards definiert wäre, würde es vom Windows-PC die gleichzeitige Unterstützung von Tunnel-Start und Tunnel-Terminierung erfordern.

- Callback als Sicherheitsfunktion ist für diese VPN-Lösung nicht erforderlich, wenn man die diversen anderen Authentisierungsverfahren nutzt.
- Callback zum Zweck der zentralen Kostenübernahme ist ebenfalls nicht notwendig, da dies einfacher über kostenfreie Einwahlnummern des ISPs gelöst werden kann (zentrale Abrechnung als Kostenbestandteil des weltweiten Account).

5.4 RAS-Outsourcing

Angenommene Aufgabenstellung

Ein ISP soll alle Leistungen für die remote Einwahl tausender Sammelbesteller eines Versandhauses übernehmen. Die mit unterschiedlichsten PCs (Apple MAC, Windows95/98, aber auch noch Windows3.11) ausgestatteten Sammelbesteller müssen Zugriff auf verschiedene zentrale Datenbanken haben. Als Netzprotokoll ist nur IP gefordert, allerdings sollen die remoten PCs mit privaten IP-Adressen des Versandhauses arbeiten. Eine sichere Authentisierung der Nutzer ist zu gewährleisten.

Lösungsvorschlag

Am Anschlusspunkt des Versandhauses an sein Netz installiert der ISP einen VPN-Router. Außerdem richtet er für die Sammelbesteller eine spezielle Rufnummer für die Einwahl zu seinen VPN-fähigen Access-Konzentratoren ein. Für jeden Sammelbesteller, der sich über diese Nummer einwählt, wird durch den Access-Konzentrator ein L2TP-Tunnel zum VPN-Router aufgebaut und die PPP-Verbindung bis dorthin weitergeleitet (siehe Abbildung 33). Falls sich mehrere Nutzer am gleichen POP einwählen, können die Verbindungen über einen einzigen Tunnel gemultiplext übertragen werden.

Die Authentisierung der Einwahlnutzer erfolgt wie üblich gegenüber dem Radius-Server des ISP. Zugleich nimmt der ISP damit die Zuordnung des Nutzers zu seinem Account vor, die er für die Abrechnung benötigt. Für die Terminierung der PPP-Verbindung im VPN-Router ist dort eine zweite Authentisierung notwendig. Diese erfolgt gegenüber dem Radius-Server des Versandhauses, das so trotz Outsourcing über die autorisierten Nutzer des Systems selbst entscheidet. Damit die Sammelbesteller nicht mit zwei ver-

Lösungsbeispiele für VPN

schiedenen Nutzernamen und Passwörtern arbeiten müssen, wird zwischen den beiden Radius-Servern eine Proxy-Funktion derart eingerichtet, dass der Radius-Server des ISP die entsprechenden Informationen vom Server des Versandhauses abruft. Diese Möglichkeit muss auf dem Radius-Server des Versandhauses und über das Firewall-System hinweg freigeschaltet werden.

Während normale Kunden des ISP bei der Einwahl eine offizielle IP-Adresse aus dem Adresspool des jeweiligen POP zugewiesen bekommen, vergibt der Radius-Server bei der Authentisierung an die Sammelbesteller private IP-Adressen des Versandhauses. Diese tauchen im Netz des ISP (bzw. im Internet) allerdings nicht auf, weil sie bis zum VPN-Router getunnelt transportiert werden. Der VPN-Router und das Firewall-System müssen das Routing der privaten IP-Pakete in das LAN bzw. LAN-Segment des Versandhauses gewährleisten.

Da mit Radius jedem Sammelbesteller eine spezielle IP-Adresse zugewiesen wird, kann das Versandhaus mit dem Firewall-System gegebenenfalls nutzerspezifisch weitere Einschränkungen definieren.

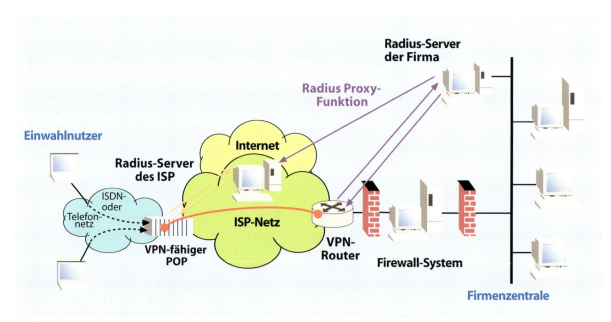

Abbildung 33: Lösungsbeispiel: RAS Outsourcing

RAS-Outsourcing

Besonderheiten der Lösung:

- Das Versandhaus braucht für die Lösung keine eigene Remote Access-Infrastruktur aufzubauen, denn es nutzt die Geräte und Wählanschlüsse des ISP.
- Die Sammelbesteller wählen sich über normale Modem- oder ISDN-Verbindungen beim nächstgelegenen POP des ISP ein. Sie benötigen keinerlei spezielle Software, insbesondere keine VPN-Software, auf dem Client-PC. Es ist folglich jeder Computer mit jedem Betriebssystem nutzbar, der PPP-Wählverbindungen unterstützt.
- Durch die Proxy-Funktion der Radius-Datenbanken braucht der ISP im eigenen Radius-Server keine Einträge vorzuhalten, und die Nutzer müssen sich nur einmal mit Name und Passwort authentisieren. Das Versandhaus gibt dafür einen Teil der Sicherheit der RAS-Lösung aus der Hand, denn der ISP kann (und soll) Nutzernamen, Passwörter und weitere Parameter abrufen. Dem sollte ein entsprechender Vertrag mit dem ISP zugrunde liegen, der auch Sicherheitsvorgaben enthält.
- Eine weitere denkbare Variante besteht darin, dass das Versandhaus auch die Sicherheitsfunktionen an den ISP outsourced und auf einen eigenen Radius-Server verzichtet. In dem Fall erfolgt die zweite Nutzerauthentisierung (vom VPN-Router) ebenfalls zum Radius-Server des ISP. Das Versandhaus müsste nur noch Nutzernamen und Passwörter mit dem ISP abstimmen und muss natürlich ein gewisses Vertrauen in die Sicherheitsmaßnahmen des ISP haben.
- Wenn Verschlüsselung gefordert ist, kann diese wahlweise mit IPSec Transport Mode für den Tunnel zwischen Access-Konzentrator und VPN-Router oder mit MPPE für die PPP-Session zwischen Client-PC (sofern von diesem unterstützt) und VPN-Router erfolgen.
- Der VPN-Router könnte alternativ vom Versandhaus selbst installiert und administriert werden. In dem Falle käme auch eine Positionierung hinter der Firewall in Frage, wobei jedoch die Firewall alle (gegebenenfalls verschlüsselten) L2TP-Tunnel unbesehen durchlassen müsste.

Lösungsbeispiele für VPN

Zusatzinformationen

Die vorgestellte Lösung ist hinsichtlich der genutzten Protokolle und der auf dem VPN-Router benötigten Funktionen dem im Abschnitt 5.3 beschriebenen weltweiten Remote Access sehr ähnlich. Die Unterschiede liegen auf der Seite des Tunnel-Startpunktes und sind in ihren Auswirkungen in Tabelle 7 zusammengefasst.

	Weltweiter RAS	RAS Outsourcing
VPN-Software auf Client-PC	Erforderlich	Nicht erforderlich
Aufbau der VPN-Verbindung	Zweimaliges Wählen notwendig	Nur eine Wählverbindung
Multiprotokollfähigkeit	Abhängig von den Möglichkeiten der VPN-Clientsoftware und des VPN-Routers	Abhängig von den Möglichkeiten des ISP und des VPN-Routers
Spezieller Vertrag mit dem ISP	Nicht erforderlich	Erforderlich
Besondere Voraussetzungen beim ISP	Keine	Access-Konzentratoren müssen VPN-fähig sein
Nutzbarkeit des ISP-Accounts	Wahlweise für universellen Internet-Zugang oder Tunneling zur Firmenzentrale	Nur zur Verbindung mit der Firmenzentrale
Sicherheitsregime	Nutzernamen und Passwörter werden vom Unternehmen selbst administriert und sind außerhalb nicht bekannt	Nutzernamen und Passwörter sind dem ISP bekannt
Bandbreitengarantie durch ISP	In der Regel nicht möglich	Mit besonderen vertraglichen Vereinbarungen eventuell möglich

Tabelle 7: Vor- und Nachteile von RAS-Outsourcing gegenüber weltweitem RAS

5.5 Extranet-Anbindungen

Angenommene Aufgabenstellung

Ein Industrieunternehmen möchte den Informationsaustausch mit seinen Zulieferern effizienter gestalten. Dazu werden für die elektronische Verarbeitung von Bestellungen und Rechnungen sowie für die gesamte Logistik entsprechende Intranet-Web-Server installiert, auf die autorisierte Mitarbeiter der Zulieferfirmen über remote Einwahl zugreifen sollen. Die übertragenen Daten unterliegen keinen besonderen Geheimhaltungsforderungen, jedoch ist sicherzustellen, dass nicht autorisierten Personen der Netzzugang verwehrt bleibt. Als Anwendungsprotokoll kommt IP mit privaten Adressen zum Einsatz. Den Zulieferfirmen können allerdings nur begrenzt technische Vorgaben für die Realisierung des Netzzugangs gemacht werden. Es ist davon auszugehen, dass unterschiedliche Betriebssysteme, insbesondere Windows95/98 und WindowsNT 4.0, im Einsatz sind.

Lösungsvorschlag

Das Unternehmen baut in der Zentrale ein separates Netzsegment (Extranet-LAN) auf, an das die Extranet-Web-Server und ein VPN-Gateway angeschlossen werden. Die Anbindung dieses Netzsegments erfolgt über ein zusätzliches Interface des Firewall-Systems, so dass sowohl der Zugriff aus dem firmeninternen Netz als auch aus dem öffentlichen Netz kontrolliert werden kann (siehe Abbildung 34). Allerdings müssen die PPTP-Tunnel, mit denen sich die Zulieferer auf das VPN-Gateway verbinden sollen, von der Firewall zum Extranet-LAN durchgelassen werden. Das firmeninterne Netz bleibt dabei vollständig geschützt.

Die Authentisierung der Nutzer erfolgt auf dem VPN-Gateway unter Verwendung des SecurID-Verfahrens von RSA Data Security. Der dazu benötigte ACE-Server wird ebenfalls im Extranet-LAN installiert. Auf diesem Server wird außerdem die von RSA angebotene Radius Funktion mit Schnittstelle (interne Proxy-Funktion) zum ACE-Server eingerichtet. Dadurch kann das VPN-Gateway die Authentisierungsanfragen im Radius-Format an den Server schicken und muss keinen ACE-Client implementiert haben.

Bei den Zulieferfirmen wird festgelegt, welchen Personen der Zugriff auf das Extranet erlaubt sein soll. Sie erhalten entsprechende personengebundene SecurID-Karten, welche zuvor auf dem ACE-Server aktiviert wurden. Die Verbindung zum Extranet, d.h. zum VPN-Gateway, bauen diese Mitarbeiter als

Lösungsbeispiele für VPN

PPTP-Tunnel von ihrem Arbeitsplatz aus auf. Sie nutzen dazu die in der Zulieferfirma vorhandene Netzstruktur und Internet-Anbindung als Transportmedium und bleiben zugleich mit dem eigenen Netz verbunden. Hat ein Zulieferer noch keinen Firmenanschluss an das Internet, so kann auch eine normale Einwahl über einen beliebigen ISP erfolgen.

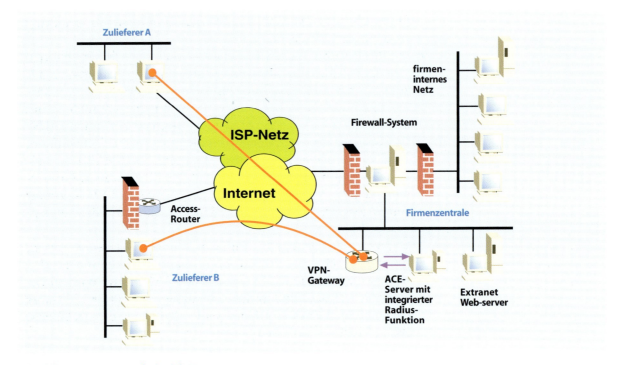

Abbildung 34: Lösungsbeispiel: Extranet

Besonderheiten der Lösung

- In den Zulieferfirmen müssen keine speziellen Voraussetzungen geschaffen oder Geräte installiert werden, um den Extranet-Zugriff zu ermöglichen. Es genügt, den Microsoft VPN-Adapter auf den PCs der zugriffsberechtigten Mitarbeiter zu installieren. Dieser ist für alle Microsoft-Systeme ab Windows95 verfügbar.
- Sofern die Zulieferfirmen über einen eigenen permanenten Internet-Zugang verfügen, entstehen ihnen für die Extranet-Verbindung keine Kosten. Es fallen weder zusätzliche Verbindungsgebühren an, noch muss Geld für Geräte oder Software ausgegeben werden.

Extranet-Anbindungen

- Anders als bei weltweitem Remote Access ist davon auszugehen, dass im vorgestellten Beispiel die IP-Adressen der Tunnel-Startpunkte bekannt sind. Im Firewall-System des Unternehmens müssen deshalb nicht alle, sondern nur diese bekannten VPN-Verbindungen zum Extranet-LAN durchgelassen werden.
- Mit SecurID wird eines der sichersten Authentisierungsverfahren für die remote Einwahl verwendet, so dass ein Zugriff Unberechtigter praktisch ausgeschlossen ist.
- Die PPTP-Verbindungen werden auf PPP-Ebene nicht verschlüsselt, weil das entsprechende Protokoll MPPE auf den Windows-PCs nur zusammen mit MS-CHAP verfügbar ist. MS-CHAP überträgt aber anstelle des Passwortes dessen Hash-Wert nach Verknüpfung mit einer Zufallszahl, die dem Client-PC vom Einwahlknoten (VPN-Gateway) mit dem Authentisierungs-Request zugeschickt wird. Am ACE-Server, der nebenbei gesagt das Protokoll (CHAP bzw. MS-CHAP) nicht unterstützt, ist diese Zufallszahl unbekannt. Andererseits „kennt" in der vorgestellten Kombination das VPN-Gateway keine Passwörter. Daher könnte mit der Antwort des Client-PC keines der Geräte etwas anfangen.
- Wenn entsprechende Sicherheitsanforderungen bestehen, so kommt im vorliegenden Beispiel nur IPSec Transport Mode für die Verschlüsselung des ganzen Tunnels in Frage. Hierbei ist jedoch wieder zu bedenken, dass eine solche Verbindung in der Regel nicht über einen Internet-Zugang geführt werden kann, auf dem NAT bzw. PAT aktiv ist.

Zusatzinformationen

Abbildung 35 zeigt die Installation des Microsoft VPN-Adapters auf einer WindowsNT 4.0 Workstation:

- Im „Control Panel" unter „Network" klickt man bei „Protocols" auf „Add" und wählt in dem folgenden Fenster das „Point-to-Point Tunneling Protocol" aus. Dazu wird die WindowsNT System-CD benötigt.
- Im nachfolgenden Fenster „PPTP Config" ist die Anzahl der maximal möglichen VPN-Verbindungen festzulegen (1 oder 2, normalerweise 1).

Lösungsbeispiele für VPN

- Anschließend erscheint das Fenster „RAS Setup". Durch „Add" ist hier „VPN1 RASPPTP" als virtueller Adapter für den VPN-Support in das System einzubinden.
- Nach „Close" und Reboot des PCs steht dieser Adapter für PPTP Wählverbindungen zur Verfügung.

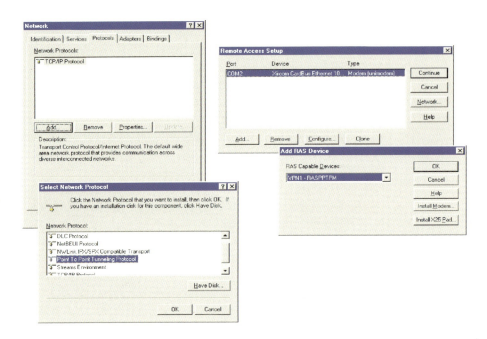

Abbildung 35: Installation des VPN-Adapters auf einer WindowsNT Workstation 4.0

Zum Einrichten der neuen Verbindung geht man wie folgt vor (siehe Abbildung 36):

- Auf dem „Desktop" wählt man „My Computer" und dann „Dial-Up Networking", um das entsprechende Fenster zu öffnen.
- Mit „New" wird eine neue Wählverbindung angelegt, der man einen Namen gibt und für die als Gerät der VPN-Adapter „RASPPTPM (VPN1)" ausgewählt wird.
- Unter „Server" werden die gewünschten Protokolle aktiviert und die „TCP/IP Settings" vorgenommen.

Extranet-Anbindungen

- Falls MPPE-Verschlüsselung benutzt werden soll, so kann dies unter „Security" mit „Require Data Encryption" konfiguriert werden.

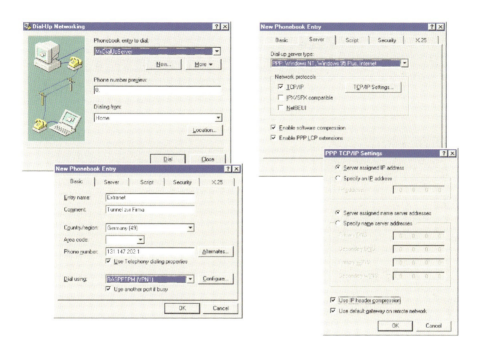

Abbildung 36: Einrichten der PPTP-Wählverbindung unter WindowsNT Workstation 4.0

Zum Aufbau der Verbindung (siehe Abbildung 37) klickt man schließlich in „Dial-Up Networking" auf „Dial". Nutzername und Passwort sind einzugeben und mit „OK" zu bestätigen. Das Passwort sollte man nicht speichern, da sonst eine fremde Person, die zufällig Zugang zum PC hat, die Verbindung herstellen könnte. Außerdem wird im Falle eines gespeicherten Passwortes bei neuerlichem Verbindungsaufbau anders als bei Windows95/98 keine Änderung des Passwortes angeboten. Dies ist dann nur über die Eigenschaften des Telefonbucheintrages möglich.

Den Status der aktuellen Verbindung bekommt man im „Dial-Up Networking Monitor" angezeigt.

Lösungsbeispiele für VPN

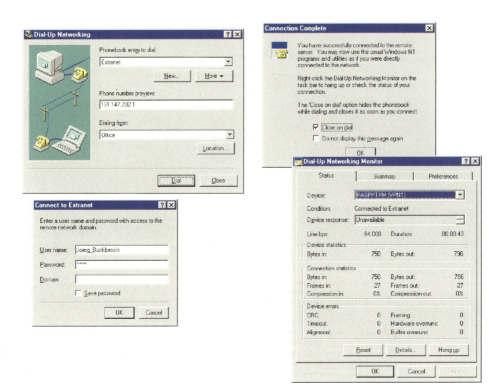

Abbildung 37: Herstellen der PPTP-Verbindung unter WindowsNT Workstation 4.0

5.6 Tunnel-Switching

Angenommene Aufgabenstellung

Eine öffentliche Einrichtung betreibt ein großes Netzwerk, in dem auf verteilt installierten NT-Servern verschiedene abteilungsspezifische Anwendungssoftware genutzt wird. Die remote Einwahl in das Netz soll sowohl für eigene Mitarbeiter als auch (zum Zweck der Fernwartung) für Servicepartner bzw. Mitarbeiter der Softwarehersteller ermöglicht werden. Authentisierung und unterschiedliche Zugriffsrechte der Einwahlnutzer müssen zentral überwacht und gesteuert werden.

Lösungsvorschlag

In der Demilitarisierten Zone (DMZ) wird ein Tunnel-Switch installiert, welcher mit PPTP- und/oder L2TP-Tunneln vom öffentlichen Netz (Internet) aus erreichbar ist. Die Nutzer bauen die VPN-Verbindung zu diesem Tunnel-Switch auf und werden dazu durch die äußere Firewall durchgelassen (siehe Abbildung 38). Am Tunnel Switch erfolgt die Authentisierung der Nutzer gegen einen Radius-Server. In der Datenbank des Radius-Servers steht zu jedemNutzer, auf welchen Tunnel-Endpunkt dieser zu leiten ist. Mit der Authentisierungsantwort des Radius-Servers erhält der Tunnel-Switch diese Information und baut automatisch einen weitergehenden Tunnel zum Endpunkt auf. Alle vom Client-PC empfangenen PPP-Pakete schickt er von nun an unbesehen in diesen weitergehenden Tunnel. Weitere Nutzer die zum gleichen Endpunkt zu verbinden sind, werden automatisch in den schon bestehenden weitergehenden Tunnel gemultiplext.

Durch die Festlegung im Radius-Server können auf diese Weise für verschiedene Nutzer verschiedene Endpunkte definiert werden. Die eigenen Mitarbeiter der Behörde werden zum jeweiligen VPN-Gateway des Abteilungs-LAN verbunden, während Tunnel-Verbindungen von Mitarbeitern der Softwarefirmen direkt auf dem jeweiligen NT-Server terminiert werden können.

Da auch die IP-Adressen aller Einwahlnutzer im Radius-Server festgelegt sind, kann mit entsprechenden Paketfiltern am LAN-Port der VPN-Gateways auch noch bestimmt werden, welcher Nutzer mit welchen Anwendungsprotokollen auf welche Ressourcen zugreifen darf.

Lösungsbeispiele für VPN

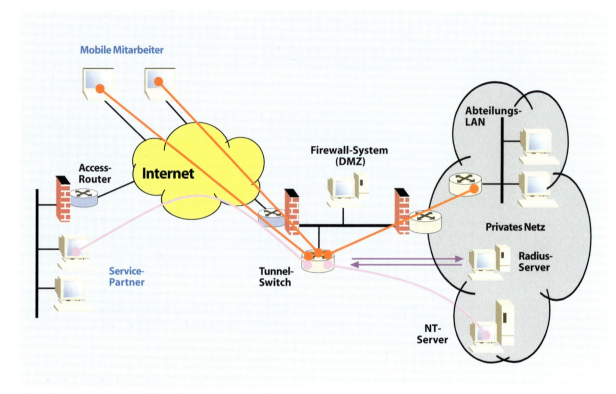

Abbildung 38: Lösungsbeispiel: Tunnel-Switching

Besonderheiten der Lösung

- Die Servicepartner (Softwarehersteller) können sich zur Erfüllung ihrer Wartungsaufgaben in das Netz einwählen, ohne dass dafür Modems oder andere Geräte installiert werden müssen. Auch bei den Service-Firmen selbst ist kein besonderes Equipment erforderlich (Vergleiche Abschnitt 5.5).
- Mit dem Einsatz des Tunnel-Switch in der DMZ wird eine sehr sichere Lösung geschaffen, weil keine Tunnel-Verbindungen vor der Authentisierung des Nutzers in das private Netzwerk durchgelassen werden.
- Auf dem Radius-Server können Passwörter, Parameter und Rechte aller Einwahlnutzer zentral festgelegt und verwaltet werden. Insbesonder wird hier entschieden, zu welchem letztendlichen Tunnel-

Tunnel-Switching

Terminator der einzelne Nutzer weiterverbunden wird, ohne dass dieser einen Einfluss darauf hat. Der Netzadministrator kann so dafür sorgen, dass der Mitarbeiter einer Softwarefirma direkt zum betreffenden NT-Server verbunden wird. Wenn Routing auf dem Server ausgeschaltet ist, dann kann dieser Mitarbeiter nur auf diesem einen Server arbeiten.

- Auch für die eigenen Mitarbeiter wird der Endpunkt der VPN-Verbindung im Radius-Server definiert. Dies kann das jeweilige Abteilungs-LAN mit einem darin befindlichen VPN-Gateway oder einem NT-Server sein. Auf der Basis der ebenfalls über den Radius-Server zugewiesenen IP-Adresse ist es außerdem möglich, auch für diese Einwahlnutzer die freie „Beweglichkeit" im Netz einzuschränken, sofern im Netz interne Firewalls bzw. Filter vorhanden sind.
- Wenn vorwiegend NT-Server zur Terminierung der Tunnel Verwendung finden sollen, so kann trotz der Beschränkung auf maximal 32 Tunnel pro Server eine dynamisch skalierbare Lösung aufgebaut werden, indem die Verbindungen durch den Tunnel-Switch auf viele NT-Server verteilt werden. Dazu wird im Radius-Server für jeden Einwahlnutzer der „TunnelServerEndPoint" festgelegt, was sich auch jederzeit ändern lässt.
- MPPE ist über den Tunnel-Switch hinweg nutzbar, da die PPP-Pakete mit ihrem verschlüsselten Inhalt bis zum Endpunkt durchgereicht werden.
- Soll IPSec in Verbindung mit Tunnel-Switching genutzt werden, so kann dies mit Transport Mode für die IP-Übertragung zwischen Tunnel-Startpunkt und Tunnel-Switch bzw. zwischen Tunnel-Switch und Tunnel-Endpunkt erfolgen. Da beide Übertragungen auf IP-Ebene unabhängig voneinander sind, können die IPSec-Definitionen unterschiedlich sein oder IPSec wird auf einer Seite (z.B. in das private Netz hinein) gar nicht verwendet.

Zusatzinformationen

Tunnel-Switching ist ein von der Firma 3Com für PPTP und L2TP entwickeltes Verfahren. Abbildung 39 zeigt die Funktionsweise. Nach dem Verbindungsaufbau und Empfang von Nutzername und Passwort schickt der Tunnel-Switch eine Authentisierungsanfrage an den Radius-Server. In der Antwort erhält er neben der Bestätigung von Name und Passwort und gegebenenfalls weiteren Parametern die IP-Adresse des „TunnelServerEndPoint".

Lösungsbeispiele für VPN

Diese vergleicht er mit den eigenen Interface-Adressen. Wird keine Übereinstimmung gefunden, so baut der Tunnel-Switch einen weiterführenden Tunnel zum angegebenen Tunnel Terminator auf und schickt zum Tunnel-Initiator ein LCP-Reset. Dadurch wird dieser veranlasst, LCP-Aushandlung und PPP-Authentisierung zu wiederholen. Von nun an reicht der Tunnel-Switch jedoch alle PPP-Pakete unbesehen in den weiterführenden Tunnel durch. Auf dem Tunnel Terminator erfolgt so eine zweite Authentisierung des Nutzers, wobei nun jedoch der in der Antwort des Radius-Servers enthaltene Wert „TunnelServerEndPoint" mit der IP-Adresse des Tunnel-Terminators übereinstimmt. Der Tunnel wird also terminiert, was übrigens auch funktioniert, wenn der Tunnel-Terminator den Parameter „TunnelServerEndPoint" nicht kennt und ignoriert.

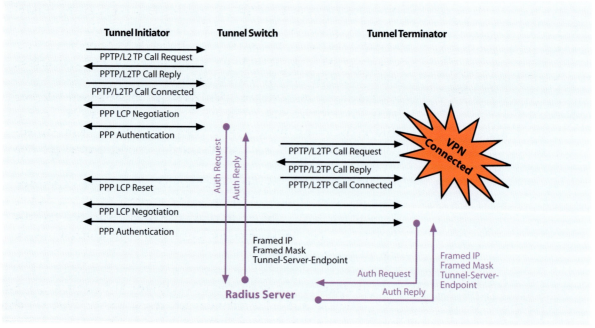

Abbildung 39: Funktionsprinzip von Tunnel-Switching

Tunnel-Switching

Das Verfahren zeichnet sich durch eine Vielzahl von Vorteilen für das Design von VPN-Lösungen aus. Es ermöglicht eine bessere Skalierbarkeit, eine größere Flexibilität und eine höhere Sicherheit der Gesamtlösung:

- Auf dem Tunnel-Switch ist eine Vorkonzentration von Tunneln möglich.
- Durch Tunnel-Switching können die einzelnen Verbindungen zentral gesteuert auf beliebig viele Tunnel-Endpunkte verteilt werden, ohne dass die Tunnel-Initiatoren dies beeinflussen können.
- Es ist möglich, auf dem Tunnel-Switch verschlüsselte in unverschlüsselte Tunnel zu wandeln (IPSec Transport Mode).
- Der Tunnel-Switch kann auch zwischen den beiden Tunnel Protokollen PPTP und L2TP wandeln, so dass beispielsweise PPTP-Tunnel eines Windows95-PCs auf einem VPN-Gateway terminiert werden können, welches nur L2TP unterstützt.
- Unabhängig von der Anzahl der Tunnel-Terminatoren ist nach außen für alle Tunnel-Verbindungen nur eine einzige Zieladresse, die IP-Adresse des Tunnel-Switch, bekannt.
- Anstatt den Einwahlnutzern den Zugang zum gesamten internen Netz zu ermöglichen, können die Tunnel der einzelnen Nutzer mit Tunnel-Switching bis zu dem Netzsegment oder zu dem Anwendungs-Server geführt werden, auf dem der jeweilige Nutzer arbeiten soll.
- Bei Platzierung des Tunnel-Switch in der DMZ einer komplexen Firewall-Lösung (siehe Abbildung 38) müssen durch die innere Firewall nur Tunnel-Pakete durchgelassen werden, die von einer bekannten IP-Adresse kommen und die einem bereits authentisierten Nutzer gehören.

Tunnel-Switching ist allerdings für IPSec Tunnel nicht anwendbar, weil IPSec nur für Punkt-zu-Punkt-Verbindungen definiert ist und die Einschaltung eines zusätzlichen dritten Kommunikationspartners die SA unterbrechen bzw. ihren Aufbau verhindern würde.

Lösungsbeispiele für VPN

5.7 Anforderungen an einen VPN-Router

Eine VPN-Lösung soll möglichst universell sein und mit wenigen Geräten alle WAN-Anforderungen eines Unternehmens abdecken. Um dies zu erreichen sind an einen VPN-Router bzw. ein VPN-Gateway eine Reihe von Forderungen zu stellen. Tabelle 8 listet die wichtigsten auf.

Natürlich kann man sich bei der Anschaffung von Geräten für eine VPN-Lösung von den aktuellen Anforderungen leiten lassen. Andererseits sind mit der VPN-Technologie so viele Möglichkeiten gegeben, dass die meisten Unternehmen ein einmal installiertes System schnell auf weitere Dienste und Anwendungen ausweiten. Mit der breiten Verfügbarkeit des Internet als Trägermedium und seiner ständig steigenden Leistungsfähigkeit ist die Voraussetzung dafür gegeben. Die hohe Sicherheit gut durchdachter VPN-Lösungen und die Möglichkeit, erhebliche Übertragungskosten einzusparen, tragen zusätzlich zu dem Bestreben bei, möglichst bald alle WAN-Anbindungen auf der Basis von VPN zu realisieren. Dann sollten die Geräte über die entsprechende Funktionalität, Skalierbarkeit und Flexibilität in der Verwendung verfügen.

Anforderungen an einen VPN-Router

Kriterium	Mindestanforderung	Zusätzlich wünschenswert
Tunnelprotokolle	L2TP, IPSec	PPTP
VPN-Funktionen	Client-zu-LAN, LAN-zu-LAN	Tunnel-Switching
Anzahl unterstützter Tunnel	2x aktueller Bedarf	Erweiterungsmöglichkeit mindestens um den Faktor 3
Verschlüsselung	IPSec Tunnel Mode	IPSec Transport Mode, MPPE
Verschlüsselungsalgorithmen	DES, 3DES, in Zukunft auch AES	RC4, RC5
Verschlüsselungsleistung	2x WAN-Bandbreite	hardwarebasierte Verschlüsselung
Schlüsselmanagement	Manuelle Konfiguration, IKE mit PreShared Key	PKI-Support
Authentisierungsprotokolle	PAP, CHAP	MS-CHAP, EAP
Authentisierungsalgorithmen	MD5, SHA-1	
Unterstützte Authentisierungssysteme	RADIUS, LDAP	SecurID, Novell NDS, WindowsNT
Protokoll-Support	IPv4	IPX, Apple Talk, DLSw, IPv6
IP Routing-Protokolle	Statisch, RIPv1	OSPF, RIPv2
Firewall-Funktion	Paketfilter für PPTP, L2TP, IPSec	Filter für bekannte Hackermethoden (z.B. Source-Spoofing), ICSA-Zertifizierung
Datenkompression	IPPCP	PPP-Datenkompression
Sonstiges		Redundanz-/Backup-Funktionen, Lastverteilung

Tabelle 8: Anforderungen an VPN-Router/VPN-Gateway

6 Trends und aktuelle Entwicklungen

Obwohl die in diesem Buch beschriebenen VPN-Technologien in unterschiedlichem Umfang schon seit 1997 auf dem Markt verfügbar sind, hält sich ihr Einsatz im Vergleich zu klassischen WAN-Lösungen in Europa bisher noch in Grenzen. Das kann verschiedene Ursachen haben:

- Manche Unternehmen haben eine VPN-Lösung aufgrund fehlender oder unzureichender Kenntnisse über Vorteile, Funktionsweise und Einsatzbedingungen noch gar nicht ernsthaft in Erwägung gezogen.
- In vielen Fällen sind vorhandene klassische WAN-Lösungen erfolgreich im Einsatz, so dass eine Entscheidung über deren Ablösung nicht kurzfristig getroffen wird.
- Wenn die für ein klassisches WAN angeschafften Netzkomponenten den Übergang zu einem VPN nicht unterstützen, so sind in der Regel zunächst die Abschreibungszeiten dieser Geräte einzuhalten, bevor VPN-Technik gekauft wird.
- Das noch ungelöste Problem einer Bandbreitengarantie im Internet stellt immer dann ein Hindernis für die Ablösung von Standleitungen durch VPN dar, wenn die Qualität der Verbindungen (Übertragungsvolumen, Verzögerungszeiten) Bewertungsmaßstab ist.
- Auch die bisherige Ungewissheit hinsichtlich der rechtlichen Bedingungen für die Nutzung von Verschlüsselungstechnik dürfte zur Zurückhaltung bei der Planung von VPN beigetragen haben.

Allerdings sind durch die Entwicklung der letzten Jahre sowohl die technischen als auch die rechtlichen Hürden für den breiten Einsatz der VPN-Technologie stetig abgebaut worden. So stellt sich heute vor allem die Frage nach Kosten und Nutzen: Wie hoch ist der Aufwand für den Anwender, diese Techniken einzusetzen, und welchen Nutzen kann er letztendlich daraus für sich generieren?

Das Thema „VPN" wird häufig unter dem Gesichtspunkt „preiswerte WAN-Verbindung" diskutiert. Auch wenn sich dies angesichts des gegenwärtigen Preisverfalls bei WAN-Verbindungen nicht mehr so kritisch darstellt wie noch vor wenigen Jahren bleibt es doch ein wesentlicher Aspekt zugunsten eines VPN.

Trends und aktuelle Entwicklungen

Zugleich bieten mehr und mehr Hersteller VPN-Lösungen an, so dass die entsprechenden Geräte immer preiswerter werden. Teilweise sind VPN-Funktionen sogar ohne Aufpreis in der Soft- oder Hardware enthalten.

Während beispielsweise für Windows95 nur PPTP von Microsoft kostenfrei zu haben war, sind für Windows2000 auch Treiber für L2TP und IPSec Transport Mode verfügbar. Da seitens der Anbieter von VPN-Routern und -Gateways der Umfang unterstützter Protokolle und Funktionen ebenfalls zunimmt, ist eine VPN-Lösung heute nicht nur aus ökonomischer Sicht sehr vorteilhaft. Sie kann zugleich den Anforderungen des Unternehmens optimal angepasst und jederzeit flexibel erweitert werden.

Es steht außer Zweifel, dass die Datensicherheit in Zukunft (nicht nur bei der Übertragung über ein Netzwerk) immer größere Bedeutung erlangt. Dass mittels VPN teure Standleitungen und Wählverbindungen abgelöst werden können, mag unter dem Gesichtspunkt der Kosten richtig sein, wenn es auch von Fall zu Fall neu berechnet werden muss. Wichtiger ist jedoch, dass der Aspekt der Sicherheit bei der Kommunikation über öffentliche Netze deutlicher ins Bewusstsein rückt. Leider wird im Falle von Standleitungen noch immer suggeriert, dass diese privat und daher „sicher" sind. Das ist nicht richtig. Diese Leitungen sind nicht nur Bestandteil des öffentlichen (Telekom-) Netzes, sie sind vor allem sehr einfach physikalisch anzapfbar und genügen somit dem Anspruch der Datensicherheit in keiner Weise.

Demgegenüber ist bei einer VPN-Lösung die Frage der Sicherheit praktisch immer Bestandteil der Planung. Die mit IPSec definierten Verfahren für Verschlüsselung und Authentisierung genügen höchsten Ansprüchen, sind weitgehend interoperabel und werden durch immer mehr Hersteller von VPN-Gateways und -Routern unterstützt. Leistungsfähige Clientsoftware für IPSec Tunnel Mode ist inzwischen ebenfalls verfügbar, so dass IPSec-basierte VPN gegenüber PPTP und L2TP an Bedeutung gewinnen.

Das Performance-Problem bei Nutzung starker Verschlüsselungsverfahren relativiert sich durch die gestiegene Leistungsfähigkeit von PCs. Außerdem ist mit hardwarebasierten Verschlüsselungsfunktionen sowohl in VPN-Gateways als auch in PCs mit speziellen Netzwerkadapterkarten eine Entlastung der Haupt-CPU möglich. Die erforderliche Unterstützung durch das Betriebssystem (Funktionsauslagerung) ist bei Windows2000 gegeben.

Auch das Problem der Bandbreite von VPN-Verbindungen ist lösbar. Während der Kunde beim Mieten einer Standleitung einen Übertragungskanal erwirbt, bei dem er für eine definierte Bandbreite zahlt, ist der Transport

Trends und aktuelle Entwicklungen

der VPN-Pakete normalerweise abhängig von der augenblicklichen Auslastung des Trägernetzes (Best Effort Routing). Solange VPN-Verbindungen innerhalb von LANs eingesetzt werden, kann eine Bandbreite in gewissem Umfang durch geeignetes Netzwerkdesign „garantiert" werden. Anders sieht es dagegen aus, wenn durch ISPs realisierte WAN-Verbindungen hinzukommen und das Internet als Trägermedium genutzt wird. Es gibt zwar inzwischen genormte Verfahren zur Gewährleistung von Übertragungsqualitäten in IP-Netzen, aber diese sind in den Routern des Internets noch lange nicht durchgängig implementiert. Jedoch haben viele ISPs den Bedarf erkannt und bieten entsprechende Leistungen (Premium Services) aufgrund der Möglichkeiten ihrer eigenen Netze an. Hier ist beim Abschluss von Verträgen darauf zu achten, dass die Bandbreitengarantie genau definiert wird und welche zusätzlichen Kosten damit eventuell verbunden sind.

Natürlich haben längst auch die meisten ISPs die Möglichkeiten und Vorteile der VPN-Technologie für sich erkannt. Sie nutzen diese für eigene VPN-Lösungen, um neue Dienste anbieten und neue Kunden gewinnen zu können. Für den Anwender gibt es daher zwei grundsätzlich unterschiedliche VPN-Varianten:

1. Das VPN wird vom Anwender selbst installiert und verwaltet. Bei dieser Variante unterliegen alle sicherheitsrelevanten Komponenten der Kontrolle des Unternehmens. Im Trägernetz werden reine IP-Daten übertragen, von denen der Carrier/ISP eigentlich nicht weiß, dass es sich um gegebenenfalls verschlüsselte VPN-Tunnel handelt. Nachteilig ist hier allerdings, dass der Anwender neben dem gesamten operativen Aufwand auch für die Technik verantwortlich ist. Als Vorteil ist aber eindeutig der Sicherheitsaspekt zu sehen. Diese Lösung ist für sicherheitskritische Datenübertragungen gut geeignet.

2. Das VPN wird vom ISP eingerichtet und administriert. Als großen Vorteil für den Anwender ist hier zu sehen, dass er sich um die VPN-Technik nicht zu kümmern braucht. Für das Unternehmen stellt sich diese Lösung als ein spezieller Dienst mit Sicherheitsfunktionen und mit einer definierten Kostenreduzierung dar. Allerdings ist dabei zu beachten, dass der Datenkanal bis zum ISP ungeschützt ist, sofern die VPN-Geräte nicht direkt beim Anwender installiert werden. Außerdem könnte die Verwaltung des VPN durch den ISP in puncto Sicherheit für ein Unternehmen unerwünscht sein. Bisher

Trends und aktuelle Entwicklungen

bieten nur wenige Hersteller die Möglichkeit eines geteilten Gerätemanagements, bei der der VPN-Router/Switch zwar Eigentum des ISP ist und von diesem kontrolliert wird, die Sicherheitsfunktionen jedoch vom Anwender selbst konfiguriert werden und dem ISP nicht zugänglich sind.

Die prognostizierte Entwicklung des VPN-Marktes bezogen auf die beiden unterschiedlichen Szenarien zeigt Abbildung 40. Es belegt außerdem die ständig wachsende Bedeutung von VPN.

Perspektivisch werden die meisten Unternehmen ihre klassischen WAN-Lösungen für die Anbindung von Geschäftstellen und die entfernte Einwahl von Heimarbeits-, Extranet-und mobilen Nutzern durch VPN ersetzen. Die Bereitstellung und Betreuung der nach wie vor notwendigen physikalischen WAN-Infrastruktur wird damit mehr und mehr den Carriern und ISPs dieser Welt überlassen.

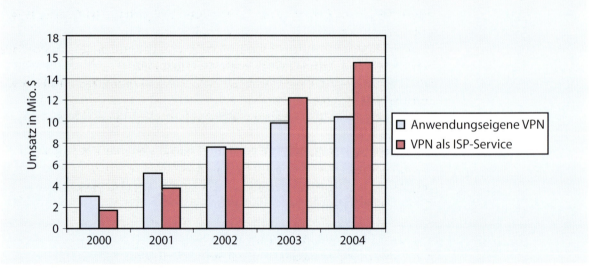

Abbildung 40: Umsatzprognosen für den weltweiten VPN-Markt (Quelle: Infonetics Research)

7 Quellen und Literaturhinweise

[1] Zu allen im Text genannten RFCs siehe http://www.ietf.org/rfc.html
[2] David Chadwick: „Understanding X.500 – The Directory",
International Thompson Publishing, 1996, ISBN 185 0322 813
[3] N. Ferguson and B. Schneier, „A Cryptographic Evaluation of IPSec", Counterpane Internet Security Inc., 2000. siehe auch
http://www.counterpane.com/ipsec.html
[4] Tim Howes, Mark C. Smith, Gordon S. Good, Timothy A. Howes: „Understanding and Deploying LDAP Directory Services" (MacMillan Network Architecture and Development Series), Macmillan Technical Pub, 1998, ISBN 1578700701
[5] Otto Leiberich, „Vom diplomatischen Code zur Falltürfunktion", Spektrum der Wissenschaft, Heidelberg 1999
[6] S. Martin, „Authentication and Privacy in IPv4 and IPv6", 3Com Inc., 1998 siehe auch http://vpn.3com.com/wpapers/ipsec.html
[7] St. Nusser: „Sicherheitskonzepte im WWW", SpringerVerlag,
Berlin 1998, ISBN 3-540-63391-X
[8] J. Reynolds and J. Postel, „Assigned Numbers", STD 2, RFC 1700, October 1994. siehe auch http://www.iana.org/numbers.html
[9] Bruce Schneier: „Applied Cryptography: Protocols, Algorithms, and Source Code in C.", Second Edition, John Wiley & Sons, New York 1996
[10] G. Selke, „Kryptographie. Verfahren, Ziele, Einsatzmöglichkeiten", OReilly/VVA 2000, ISBN 3897211556
[11] R. Smith, „Internet-Kryptographie", Addison-Wesley, München 1998,
ISBN 3827313449
[12] W. Richard Stevens, „TCP/IP Illustrated, Volume I The Protocols", Addison-Wesley Publishing Company Inc., March 1996, ISBN 0201 63346-9
[13] Douglas Stinson: Cryptography: Theory and Practice. CRC Press Inc., 1996,
ISBN 0-8493-8521-0
[14] 3Com Technical Papers: „Private Use of Public Networks for Enterprise Customers", 3Com Inc., 1998 siehe auch
http://www.3Com.com/technology/tech_net/white_papers/500651.ht ml
[15] 3Com Technical Papers: „Private Use of Public Networks for Service Providers",
3Com Inc., 1998 siehe auch
http://www.3com.com/technology/tech_net/white_papers/500649.ht ml
[16] B. Gleeson, A. Lin, J. Heinanen, T. Finland, G. Armitage, A. Malis: „A Framework for IP Based Virtual Private Networks", Internet-Draft, Oktober 1999

Quellen und Literaturhinweise

[17] „Commercial Encryption Export Controls", The Bureau of Export Administration, U.S. Department of Commerce, Siehe http://www.bxa.doc.gov

[18] Bundesdatenschutzgesetz (BDSG), BGBl. I S. 2954, zuletzt geändert durch Art.2, Abs.5 des Begleitgesetzes zum Telekommunikationsgesetz (BegleitG) vom 17. Dezember 1997 (BGBl. I S. 3108), siehe http://www.datenschutz-bayern.de/ home.htm

8 Glossar

3DES
Triple DES (RFC 1851)
Symmetrisches Verschlüsselungsverfahren, bei dem DES drei Mal mit unterschiedlichen Schlüsseln angewendet wird.

AAA
Authentisierung, Autorisierung, Accounting
Das Kürzel steht für die drei wichtigsten Aspekte der Verwaltung von Einwahlnutzern.

AES
Advanced Encryption Standard
Symmetrisches Verschlüsselungsverfahren, beim NIST als Nachfolger von DES/3DES in Vorbereitung.

AH
Authentication Header (RFC 2402)
Ein für IPSec definierter Protokoll-Header, der die Anwendung von Authentisierungsverfahren auf das gesamte IP-Paket ermöglicht.

Blowfish
Von B. Schneier entwickeltes symmetrisches Verschlüsselungsverfahren mit variabler Schlüssellänge von 32 bis 448 Bit.

BSI
Bundesamt für Sicherheit in der Informationstechnik
Nationale IT-Sicherheitsbehörde der Bundesrepublik Deutschland.

CAST
Von Entrust Technology Inc. entwickeltes symmetrisches Verschlüsselungsverfahren mit variabler Schlüssellänge von 40 bis 256 Bit, offengelegt in RFC 2612.

CCITT
Comité Consultatif International Télégraphique et Téléphonique
Frühere Bezeichnung (1956-1993) für die ITU.

CHAP
Challenge Handshake Authentication Protocol (RFC 1994)
PPP-basiertes Authentisierungsprotokoll nach dem 3-Wege-Prinzip (Anforderung, Übertragung, Bestätigung), Anforderung bei Verbindungsaufbau und in unregelmäßigen Abständen, verschlüsselte Übertragung (z.B. MD5-Hash-Wert).

Glossar

DAP
Directory Access Protocol
Steuer- und Abfrageprotokoll für X.500-konforme Datenbanken.

DES
Data Encryption Standard (RFC 2405)
Von IBM entwickeltes symmetrisches Verschlüsselungsverfahren mit 56 Bit Schlüssellänge.

DLSw
Data Link Switching (RFC 2166)
Verfahren zum Einpacken von SNA- und NetBIOS-Daten in IP-Pakete und zum Transport über IP-Netze.

DMZ
Demilitarisierte Zone
Netzsegment einer komplexen Firewall-Lösung, das sich zwischen innerem und äußerem Netz befindet und auf das von beiden Seiten aus unter definierten Einschränkungen zugegriffen werden kann.

EAP
Extensible Authentication Protocol (RFC 2284)
Universelles PPP-basiertes Authentisierungsprotokoll nach dem 3-Wege-Prinzip (Anforderung, Übertragung, Bestätigung), Info über benutztes Verfahren (z.B. ID/Passwort, Token oder Smart Cards, MD5) bei Anforderung/Übertragung, keine vorherige Festlegung über LCP notwendig.

ESP
Encapsulating Security Payload (RFC 2406)
Ein für IPSec definierter Protokoll-Header, der die Anwendung von Verschlüsselungs- und Authentisierungsverfahren auf den Datenteil von IP-Paketen ermöglicht.

GRE
Generic Route Encapsulation (RFC 1701 u. 1702)
Ein proprietäres Verfahren, das von der Firma Cisco zum Einpacken verschiedenster Protokolle in IP entwickelt und in den RFCs 1701 und 1702 offengelegt wurde.

HMAC
Hash Message Authentication Code
Verfahren zur Gewährleistung der Unverfälschtheit der Daten. Dabei wird mittels Hash-Funktion eine Art Prüfsumme definierter Länge aus den Daten erzeugt, nachdem diese zuvor mit einem geheimen Passwort kombiniert wurden.

Glossar

ICANN
Internet Corporation for Assigned Names and Numbers
Internationale Vergabestelle für Internet-Adressen und Domain-Namen.

IDEA
International Data Encryption Algorithm
An der ETH Zürich entwickeltes symmetrisches Verschlüsselungsverfahren mit 128 Bit Schlüssellänge, u.a. in PGP verwendet.

IETF
Internet Engineering Task Force
Offene, internationale Gemeinschaft von Netzwerkdesignern, -unternehmern, -händlern und -forschern. Bemüht sich um Entwicklung und Akzeptanz von Internet-Standards und um reibungsloses Funktionieren der Datenübertragung im Internet.

IKE
Internet Key Exchange (RFC 2409)
Standard für das automatische Schlüsselmanangement im Rahmen von IPSec. Das Hybrid-Protokoll aus ISAKMP und OAKLEY erlaubt den IPSec-Kommunikationspartnern, sich gegenseitig zu authentisieren und Schlüssel und weitere Parameter einer SA automatisch auszuhandeln und dynamisch zu ändern.

Intranet
Ein privates Netz, welches sich durch den Einsatz von Internet-Techniken, die Verwendung von IP als Netzprotokoll und die Nutzung Web-basierter Anwendungen auszeichnet.

IPCP
IP Control Protocol (RFC 1332)
Protokoll zur anfänglichen Aushandlung/Übertragung der IP-Parameter für eine PPP-Verbindung.

IPPCP
IP Payload Compression Protocol (RFC 2393)
Standardisiertes Verfahren zur Kompression des Datenfeldes von IP-Paketen.

IPSec
IP Security (RFC 2401 u.a.)
Standard-Suite zur Bereitstellung von Sicherheitsfunktionen (Authentisierung, Verschlüsselung, Reply-Schutz) auf IP-Ebene.

Glossar

IPv4
Internet Protocol, Version 4
Ein vom amerikanischen Department of Defense zusammen mit TCP entwickelts Kommunikationsprotokoll (1968). Es stellt ein herstellerneutrales Transportprotokoll der Schicht 3 des OSI-Referenzmodells mit Funktionen zur Leitweg- und Datenflusssteuerung. Dieses Protokoll ist das Protokoll des Internet.

IPv6
Internet Protocol, Version 6
Die um Komponenten für Mobilität und QoS-Parameter weiterentwickelte Version des IPv4 mit wesentlich erweitertem Adressraum.

ISKAMP
Internet Security Association and Key Management Protocol (RFC 2408)
Protokoll für die Verwaltung von SAs (Aufbau, Änderung, Löschung). Bestandteil von IKE.

ISO
International Standards Organisation
Diese 1946 gegründete Organisation basiert auf einer freiwilligen Basis, deren Mitglieder das Ziel verfolgen, international gültige Standards zu definieren. Sie ist Mitglied der ITU und ist z.B. im Bereich der Telekommunikation für die Entwicklung des OSI-Standards verantwortlich. Zu ihren bekanntesten Mitgliedern zählen z.B. das ANSI (American National Standards Institute) und das DIN (Deutsches Institut für Normungen).

ISP
Internet Service Provider
Ein Betreiber eines definierten Teiles des Internet. Jeder Betreiber besitzt ein eigenes Netzwerk mit lokalen Zugangspunkten, über die er den Übergang zum Internet in der Regel zu günstigen Ortstarifen ermöglicht.

ITU
International Telecommunications Union
Die ITU wurde 1865 gegründet und ist seit 1947 eine UNO-Organisation, die Empfehlungen veröffentlicht. Früher war sie als CCITT bekannt. Diese beginnen z.B. mit „I." für ISDN-Techniken, „V." für die Datenkommunikation über Telefonnetze oder auch „X." für öffentliche Datenkommuniktionsnetzwerke. Sie vereinen als Hauptsektoren die ITU-R (zuständig für Radiokommunikation), die ITU-T (für die Telekommunikation) und die ITU-D (für die technische Entwicklung).

Glossar

L2F
Layer Two Forwarding Protocol
Von Cisco Systems entwickeltes proprietäres Protokoll zum Tunneln von PPP-Rahmen über IP-Netze.

L2TP
Layer Two Tunneling Protocol (RFC 2661)
Standardisiertes Protokoll zum Tunneln von PPP-Rahmen über IP-Netze, z.B. über das Internet. Es kombiniert die Vorteile von PPTP und L2F und vermeidet weitestgehend deren Nachteile.

LAC
L2TP Access Concentrator
Im Standard definierte Bezeichnung für den Startpunkt einer L2TP-Verbindung.

LAN
Local Area Network
Allgemeine Bezeichnung für lokale Computernetze.

LDAP
Liteweight Directory Access Protocol (RFC 2251)
TCP/IP-basiertes Client-Server-System für Abfrage und Steuerung eines universellen Verzeichnisdienstes; als einfache Alternative zu X.500 entstanden.

LNS
L2TP Network Server
Im Standard definierte Bezeichnung für den Terminierungspunkt einer L2TP-Verbindung.

LS
Line Server
Von einigen Herstellern verwendete Bezeichnung für den Startpunkt einer PPTP- oder L2TP-Verbindung.

MD5
Message-Digest Algorithm 5
Von R. Rivest entwickelter Algorithmus zur Erzeugung von 128 Bit-Hash-Werten.

Glossar

MPLS
Multiprotocol Label Switching
IETF-Draft für verbindungsorientiertes Switching auf OSI-Layer 3. Das erste Paket einer Verbindung erhält ein Label (Kennzeichen), anhand dessen alle nachfolgenden Pakete ohne aufwendige Header-Analyse im Netz weitergeleitet werden. Dabei ist eine Priorisierung zur Unterstützung einer Quality-of-Service möglich.

MPPE
Microsoft Point to Point Encryption
Von Microsoft definiertes Verschlüsselungsverfahren, welches den RC4-Algorithmus mit 40 oder 128 Bit Schlüssellänge auf PPP-Rahmen anwendet und für alle Microsoft-Systeme ab Windows95 verfügbar ist.

MS-CHAP
Microsoft CHAP (Internet Draft)
CHAP-ähnliches PPP-basiertes Authentisierungsverfahren mit MD4-Hash-Werten; Microsoft-proprietär.

NAT
Network Address Translation (RFC 1631)
Verfahren, bei dem IP-Adressen im Paketkopf während des Transports zum/vom Internet gezielt verändert werden. Es kann jeder lokalen (inneren) Adresse eine öffentliche Adresse zugeordnet werden, oder die internen Systeme müssen sich eine endliche Anzahl öffentlicher Adressen teilen.

NDS
Netware Directory Service (Novell)
Hierunter verbirgt sich ein herstellerspezifischer Verzeichnisdienst der Novell Inc. Die Informationen lassen sich (eingeschränkt) mittels LDAP auch auf andere Verzeichnisdienste übertragen. Mit Verfügbarkeit des NetWare Migrator 6.0 geht Novell den Schritt, seine speziellen NDS-Informationen zum Active-Directory von Microsoft in WINDOWS2000 umfassend konvertierbar zu gestalten.

NIST
National Institute of Standards and Technology
US-Normierungsbehörde.

Glossar

NSA
National Security Agency
Sicherheitsbehörde der USA.

OAKLEY (RFC 2412)
Auf dem Diffie-Hellman-Algorithmus basierendes Verfahren zur Schlüsselaushandlung. Bestandteil von IKE.

OSPF
Open Shortest Path First (RFC 1583)
Modernes dynamisches Routing-Protokoll, mit dem IP-Router nach dem Link-State-Prinzip Informationen über die Netztopologie austauschen und optimale Wege zu allen IP-Netzen ermitteln.

PAC
PPTP Access Concentrator
Von einigen Herstellern verwendete Bezeichnung für den Startpunkt einer PPTP-Verbindung.

PAP
Password Authentication Protocol (RFC 1334)
PPP-basiertes Authentisierungsprotokoll mit 2-Wege-Prinzip (ID/Passwort wird bei Verbindungsaufbau so oft gesendet bis andere Seite bestätigt oder Verbindung abbricht), Übertragung erfolgt im Klartext, Festlegung über LCP.

PAT
Protocol Address Translation
Spezielle Variante von NAT, bei der die Daten mehrerer Endgeräte unter Nutzung freier TCP- oder UDP-Portnummern auf eine einzige IP-Adresse abgebildet werden.

PGP
Pretty Good Privacy
1991 von Phil Zimmermann entwickeltes Verfahren für die E-Mail-Verschlüsselung. Nutzt RSA zur Schlüsselaushandlung und IDEA für die eigentliche Datenverschlüsselung.

PKCS
Public Key Cryptography Standards
Von RSA Security Inc. herausgegebene Sammlung von Industriestandards für den sicheren Informationsaustausch über das Internet.

Glossar

PKI
Public Key Infrastructure
System zur Erstellung, Verwaltung und Nutzung digitaler Zertifikate für die digitale Signatur sowie zur sicheren Authentisierung und Schlüsselaushandlung zwischen Kommunikationspartnern im öffentlichen Netz.

PNS
PPTP Network Server
Von einigen Herstellern verwendete Bezeichnung für den Terminierungspunkt einer PPTP-Verbindung.

POP
Point of Presence
Hierunter ist ein Einwahlknoten eines Providers/ISP zu verstehen.

PP
Packet Processor
Von einigen Herstellern verwendete Bezeichnung für den Terminierungspunkt einer PPTP- oder L2TP-Verbindung.

PPP
Point-to-Point Protocol (RFC 1661)
Ein Protokoll für serielle Router-zu-Router- und Host-zu-Netzwerkverbindungen über synchrone und asynchrone Leitungen; Nachfolger des SLIP-Protokolls.

PPTP
Point-to-Point Tunneling Protocol (RFC 2637)
Ein als Industriestandard zu bezeichnendes Protokoll zum Tunneln von PPP-Rahmen über IP-Netze, z.B. über das Internet. PPTP basiert auf GRE und wurde von Microsoft, 3Com, Ascend und weiteren Firmen entwickelt.

RADIUS
Remote Authentication Dial In User Service (RFC 2138, RFC 2139)
UDP-basiertes Client-Server-System für Authentisierung, Autorisierung und Accounting (AAA) von Einwahlnutzern, eigene Datenbank mit standard- und herstellerspezifischen Parametern.

RAS
Remote Access Service
Bezeichnung für die mit der Einwahl entfernter Nutzer in ein Netzwerk notwendigen Funktionen.

Glossar

RC4
Rivest Cipher 4
1987 von R. Rivest (RSA Data Security Inc.) entwickeltes symmetrisches Verschlüsselungsverfahren mit variabler Schlüssellänge von 40 bis 128 Bit, verwendet in MPPE und SSL.

RC5
Rivest Cipher 5
1994 von R. Rivest (RSA Data Security Inc.) entwickeltes symmetrisches Verschlüsselungsverfahren mit bis zu 2048 Bit Schlüssellänge.

RFC
Request for Comment
Veröffentlichtes Dokument der IETF, das entweder einen verabschiedeten Internet-Standard oder eine Information für die Nutzer des Internet enthält.

RIP
Routing Information Protocol (RFC 1058)
Klassisches dynamisches Routing-Protokoll, mit dem IP-Router nach dem Dinstance-Vector-Prinzip Informationen über die Erreichbarkeit von IP-Netzen austauschen.

RSA
RSA Data Security
Nach den Entwicklern Rivest, Shamir und Adelman benanntes asymmetrisches Verschlüsselungsverfahren mit variabler Schlüssellänge von 512 bis 4096 Bit.

SA
Security Association
Auf Kennziffern (SPI) bezogene Definition der Sicherheitsfunktionen zwischen zwei IPSec-Kommunikationspartnern.

SecurID
Von RSA Data Security Inc. entwickeltes Verfahren zur Authentisierung von Einwahlnutzern mit ständig wechselnden Passwörtern.

SHA-1
Secure Hash Algorithm 1
Vom NIST entwickelter Algorithmus zur Erzeugung von 160 Bit-Hash-Werten.

Glossar

SPI
Security Parameters Index
Bei IPSec verwendete Kennzahl für die Art der Verschlüsselung bzw. Authentisierung.

SSL
Secure Sockets Layer
Von Netscape Communications entwickeltes Protokoll zum Aufbau einer sicheren Verbindung auf Sessionebene. Gewährleistet Authentisierung der Kommunikationspartner und Vertraulichkeit, Integrität und Authentizität der übertragenen Daten.

TACACS
Terminal Access Controller Access Control System (RFC 1492)
Aus den Anfangszeiten des Internet stammendes UDP-basiertes Client-Server-System zur Authentisierung von Einwahlnutzern.

TACACS+
TACACS with Cisco Proprietary Extensions
TCP-basiertes Client-Server-System für Authentisierung, Autorisierung und Accounting von Einwahlnutzern, Cisco-proprietäre Erweiterung von TACACS.

TI
Tunnel Initiator
Von einigen Herstellern verwendete Bezeichnung für den Startpunkt einer PPTP- oder L2TP-Verbindung.

TT
Tunnel Terminator
Von einigen Herstellern verwendete Bezeichnung für den Terminierungspunkt einer PPTP- oder L2TP-Verbindung.

VLL
Virtual Leased Line
Permanente VPN-Verbindung mit den grundsätzlichen Eigenschaften einer Standleitung.

VPN
Virtual Private Network
Ein Virtuelles Privates Netz ist eine Anzahl von Verbindungen, die über ein öffentliches Netzwerk aufgebaut werden, sich aber für den Nutzer wie private Leitungen darstellen.

Glossar

WAN
Wide Area Network
Allgemeine Bezeichnung für Weitverkehrsdatennetze.

WindowsNT
Windows New Technology
PC- und Netzbetriebssystem von Microsoft Inc.

X.500
OSI-basierter universeller Verzeichnisdienst mit verteiltem Server-System, komplexer Datenbankstruktur und aufwendigem hierarchischen Parameterbezeichnungssystem.

X.509
Ein Standard für Format und Inhalt digitaler Zertifikate.

9 Stichwortverzeichnis

SYMBOLE

3Com Access Concentrator 24
3Com Enterprise Router 24
3DES 43, 84, 177

A

AAA 117
ACE-Server 38, 97
ACLU 51
Adi Shamir 47
Advanced Encryption Standard s. AES
AES 43, 117
AH 57, 63, 117
American Civil Liberties Union s. ACLU
Apple Talk 18
Asymmetrische Verbindungssteuerung
    s. Verbindungssteuerung, asymmetrische
Asymmetrisches Verfahren
    s. Verfahren, asymmetrisches
Asynchronous Transfer Mode s. ATM
ATM 11, 12
Authentication Header s. AH
Authentisierung 36, 57, 62
Authentisierung, Autorisierung, Accounting
    s. AAA
Authentizität 36

B

BDSG 52
Blowfish 43, 117
BSI 42, 117
Bundesamt für Sicherheit in der
    Informationstechnik s. BSI
Bundesdatenschutzgesetz s. BDSG
Bussines-to-Bussines 50

C

CA 71
Callback 91
Carlisle Adams and Stafford Tavares 43
Carnivore (Fleischfresser) 51
CAST 43, 117
CCITT 117
Certificate Authority s. CA
Certificate Request Protocol 74
Challenge Handshake Authentication Protocol
    s. CHAP
CHAP 37, 40, 64, 99, 117
Check Point VPN-Gateway 24
Cisco Firewall 24
Cisco VPN Router 24
Client-PC 17
Client-zu-LAN 13
Comité Consultativ International
    Télégraphique et Téléphonique s. CCITT
Container 22

D

DAP 38, 118
Data Encryption Standard 43
Data Encryption Standard s. DES
Data Link Switching s. DLSw
Datenschutz 51
DECnet 18
Demilitarisierte Zone s. DMZ
DES 43, 118
DESE 46
Design 23
DES-Verfahren 44
Dial-on-Demand s. DoD
Dial-Out-Funktion 92
Dictionary Attacke 67
Diffie-Hellman-Algorithmus 47, 68, 70

Stichwortverzeichnis

Digitale Signatur   48
Directory Access Protocol   s. DAP
DLSw   21, 118
DMZ   103, 118
DoD   14
Dynamische Schlüsselaushandlung
   s. Schlüsselaushandlung, dynamische

E

EAP   37, 118
Echo-Request-Paket   29
EG   50
Electronic Privacy Information Center   s. Epic
Elektronische Signatur   53
Encapsulating Security Payload   s. ESP
Encapsulation   21
Endpunkt   23
Enfopol   54
Entrust Technology   43
Entschlüsselung   42
Epic   51
ESP   57, 63, 118
EuGH   50
EuMRK   50
Europäischen Gemeinschaft   s. EG
Europäischen Gerichtshof   s. EuGH
Europäischen Menschenrechtskommission
   s. EuMRK
Europäischen Parlament   50
Extensible Authentication Protocol   s. EAP
Extranet   16, 97
Extranet-Anbindungen   97

F

FBI   51
FDDI   12
Federal Bureau of Investigation   s. FBI
Fiber Distributed Data Interface   s. FDDI
Firewall   19, 33

Fragmentierung   32
Frame Realy   12, 19

G

Generic Route Encapsulation   s. GRE
GRE   25, 118
GRE-Header   25

H

Hash Message Authentication Code
   s. HMAC
Hash-Wert   63
HMAC   65, 118

I

ICANN   119
IDEA   43, 71, 119
IETF   25, 55, 119
IKE   68, 119
Integrität   36
International Data Encryption Algorithm
   s. IDEA
International Standards Organisation   s. ISO
International Telecommunications Union
   s. ITU
Internet   15
Internet Corporation for Assigned Names
   and Numbers   s. ICANN
Internet Engineering Task Force   s. IETF
Internet Key Exchange   s. IKE
Internet Protocol   s. IP
Internet Protocol, Version 4   s. IPv4
Internet Protocol, Version 6   s. IPv6
Internet Security Association and
   Key Management Protocol   s. ISAKMP
Internet Service Provider   s. ISP
Intranet   119
IP   5

Stichwortverzeichnis

IP Control Protocol   s. IPCP
IP Payload Compression Protocol   s. IPPCP
IP Security   s. IPSec
IPCP   119
IP-Header   56
IPPCP   119
IPPCP   75
IPSec   5, 55, 68, 105, 119
IPSec Transport Mode   58
IPSec Tunnel   11
IPSec Tunnel Mode   23, 58, 75
IPv4   120
IPv6   120
IPVPN   12
IPX   18, 90
ISAKMP   68, 69
ISDN   13, 19
ISKAMP   120
ISO   38, 120
ISO / ITU   41
ISP   16, 81, 120
ITU   38, 120

L

L2F   21, 30, 121
L2TP   11, 22, 30, 55, 75, 105, 121
L2TP Access Concentrator   s. LAC
L2TP Network Server   s. LNS
LAC   22, 32, 121
LAC-LNS-Paar   32
LAN   121
LAN-zu-LAN   13, 16
Layer Two Forwarding Protocol   s. L2F
Layer Two Tunneling Protocol   s. L2TP
LDAP   39, 41, 72, 121
LDAPv1   39
LDAPv2   39
LDAPv3   39
Leonard Adleman   47
Line Server   s. LS
Liteweight Directory Access Protocol   s. LDAP
Liteweight Directory Access Protocol Version 1   s. LDAPv1
Liteweight Directory Access Protocol Version 2   s. LDAPv2
Liteweight Directory Access Protocol Version 3   s. LDAPv3
LNS   23, 32, 121
Local Area Network   s. LAN
LS   22, 121
Lucent Access Router   24

M

Man-in-the-Middle-Angriffe   71
MD5   63, 121
Message-Digest Algorithm 5   s. MD5
MI5   51
Microsoft CHAP   s. MS-CHAP
Microsoft Dial-Up Networking   87
Microsoft Point-to-Point Encryption   s. MPPE
MPLS   12, 122
MPPE   46, 95, 99, 105, 122
MS-CHAP   37, 40, 99, 122
Multiprotocol Label Switching   s. MPLS
Multiprotokoll-Fähigkeit   81

N

NAT   85, 122
National Institute of Standards and Technology   s. NIST
National Security Agency   s. NSA
NDS   41, 122
NetBIOS   21, 33
Netware Directory Service   s. NDS
Network Address Translation   s. NAT
NIST   43, 122
Nortel Backbone Router   24
Nortel Extranet Switch   24
Novell NDS   38
NSA   123

Stichwortverzeichnis

O

OAKLEY   68, 123
Open Shortes Path First   s. OSPF
OSPF   83, 123
Overhead   29

P

PAC   22, 123
Packet Processor   s. PP
Paketfolgenummern   29
Paketkopf   21
PAP   37, 123
Parameter   69
Password Authentication   37
Password Authentication Protocol   s. PAP
PAT   86, 123
PGP   71, 123
PKCS   123
PKCS#10   74
PKCS#12   74
PKI   71, 124
PNS   23, 124
Point-of-Presence   s. POP
Point-to-Point Protocol   s. PPP
Point-to-Point Tunneling Protocol   s. PPTP
POP   16, 124
PP   23, 124
PPP   21, 25, 124
PPP DES Encryption   s. DEDES
PPTP   11, 22, 25, 29, 55, 75, 105, 124
PPTP Access Concentrator   s. PAC
PPTP Network Server   s. PNS
Pretty Good Privacy   s. PGP
Private Key   46
Private Key Algorithm   44
Protocol Address Translation   s. PAT
Proxy   97
Public Key   46
Public Key Algorithm   46
Public Key Cryptography Standards   s. PKCS
Public Key Infrastructure   s. PKI

Q

QoS   18
Quality of Service   s. QoS

R

RA   71
RADIUS   38, 41, 124
Radius-Server   93, 103
RAS   14, 124
RAS-Outsourcing   93
RC4   43, 125
RC5   43, 109, 125
RCF 1702   118
Registration Authority   s. RA
Remote Access   87
Remote Access Service   s. RAS
Remote Authentication Dial In User Service   s. RADIUS
Remote PC   17
Replay-Schutz   57
Request for Comment   s. RFC
RFC   125
RFC 1058   125
RFC 1332   119
RFC 1334   37, 123
RFC 1434   21
RFC 1487   39
RFC 1492   126
RFC 1583   123
RFC 1631   122
RFC 1661   25, 124
RFC 1701   118
RFC 1777   39
RFC 1851   117
RFC 1969   46

Stichwortverzeichnis

RFC 1994   37, 117
RFC 2104   65
RFC 2138   41, 124
RFC 2139   41, 124
RFC 2144   43
RFC 2166   118
RFC 2251   39, 41, 121
RFC 2284   37, 118
RFC 2341   21
RFC 2393   119
RFC 2401   55, 58, 119
RFC 2402   57, 117
RFC 2405   43, 118
RFC 2406   57, 118
RFC 2408   68, 120
RFC 2409   68, 119
RFC 2412   43, 68, 123
RFC 2637   25, 124
RFC 2661   30, 121
RFC 1701   25
RFC 1825 bis 1829   55
RFC 2401 bis 2412   55
RIP   83, 125
RIP-Gesetz   51
Rivest Cipher   43
Rivest Cipher 4   s. RC4
Rivest Cipher 5   s. RC5
Ronald Rivest   47
Router   13, 19
Routing Information Protocol   s. RIP
RSA   43, 47
RSA Data Security   41, 43, 97, 125

S

SA   59, 125
Schlüsselaushandlung, dynamische   67
SDH   12
Secret Key Algorithm   44
Secure Sockets Layer   s. SSL
Secure-Hash-Algorithm 1   s. SHA-1

SecurID   40, 41, 97, 99, 125
Security Association   s. SA
Security Dynamics   40
Security Parameters Index   s. SPI
Security-Gateways   58
Service Level Agreements   s. SLA
SHA-1   63, 64, 125
Sicherheitsforderungen   19
Sicherheitsfunktionen   35
Sicherheitsrisiken   35
SLA   81
SNA   21, 33
SONET   12
SPI   60, 126
SPX   90
SSL   126
Standleitung   19
Startpunkt   23
Steuersession   27
Synchronous Digital Hierarchy   s. SDH
Synchronous Optical Network   s. SONET

T

TACACS   41, 126
TACACS with Cisco Proprietary Extensions
    s. TACACS+
TACACS+   41, 126
Telekommunikationsgesetz   s. TKG
Telekommunikations-Überwachungsverordnung
    s. TKÜV
Terminal Access Controller Access
    ControlSystem   s. TACACS
TI   22, 126
Timeout   29
TKG   51
TKÜV   51
Trailer   57
Triple DES   s. 3DES
Trust Center   71
TT   23, 126
Tunnel Initiator   s. TI

Stichwortverzeichnis

Tunnel Initiator   s. TI
Tunnel Terminator   s. TT
Tunnel-Endpunkt   22, 23
Tunneling-Verfahren   21
Tunnel-Protokoll   23
TunnelServerEndPoint   106
Tunnel-Startpunkt   22
Tunnel-Switch   103
Tunnel-Switching   103, 105

V

Verbindungssteuerung, asymmetrische   22
Verfahren, asymmetrisches   48
Verschlüsselung   42, 44, 57
Verschlüsselung und Authentisierung   57
Vertraulichkeit   36
Virtual Leased Line   s. VLL
Virtual Private Network   s. VPN
Virtuelles Privates Netz   s. VPN
VLL   14, 126
VoIP-Telefonie   50
VPN   5, 126
VPN-Endpunkte   13
VPN-Gateway   13
VPN-Server   23

W

WAN   127
Wählverbindungen   13
Wide Area Network   s. WAN
Widerrufslisten   72
Windows2000 Professional   24
Windows2000 Server   24
Windows New Technology   s. WindowsNT
WindowsNT   38, 41, 127
WindowsNT 4.0 Server   24
WindowsNT 4.0 Workstation   24
Windows95   24, 46
Windows98   24

X

X.25   12, 19
X.500   38, 41, 72, 127
X.509   72, 127
XDSL   13

Z

Zertifikat-Policy   72